Bert Hellinger   Mitte und Maß

Bert Hellinger

Mitte und Maß

Kurztherapien

Carl-Auer-Systeme Verlag

Über alle Rechte der deutschen Ausgabe verfügt Carl-Auer-Systeme
Verlag und Verlagsbuchhandlung GmbH, Heidelberg, http://www.carl-auer.de
Fotomechanische Wiedergabe nur mit Genehmigung des Verlages
Satz: Monika Hendlmeier und Hans-Joachim Reinecke, Regensburg
Schrift: Sabon, entworfen von Jan Tschichold
Diagramme: Bert Hellinger, erstellt mit FAMDraw
von Reinecke Expertensysteme GmbH, Regensburg, http://www.reinecke.de
Einband: WSP Design, Heidelberg
Druck und Bindung: Druckerei Kösel, Kempten
Printed in Germany 1999

Erste Auflage, 1999

Die Deutsche Bibliothek – CIP-Einheitsaufnahme
Mitte und Maß : Kurztherapien /
Bert Hellinger.–1. Aufl.–Heidelberg :
Carl-Auer-Systeme, Verl. u. Verl.-Buchh., 1999
ISBN 3-89670-130-4

... Der Weise sagte:

»Das weit Verstreute wird zu einem Ganzen,
wenn es zu einer Mitte findet
und gesammelt wirkt.
Denn erst durch eine Mitte wird das Viele
wesentlich
und wirklich,
und seine Fülle erscheint uns dann als einfach,
fast wie wenig,
wie ruhige Kraft auf nächstes hin,
die unten bleibt,
und nahe dem, was trägt.

Um Fülle zu erfahren
oder mitzuteilen,
muß ich daher nicht alles einzeln
wissen,
sagen,
haben,
tun.

Wer in die Stadt gelangen will,
tritt durch ein einziges Tor.
Wer eine Glocke einmal anschlägt,
bringt mit dem einen Ton noch viele andere
zum Klingen.
Und wer den reifen Apfel pflückt,
braucht dessen Ursprung nicht ergründen.
Er hält ihn in der Hand
und ißt.«

Inhalt

Einführung   15
Dank   17

AUS DEM KURS IN WÄDENSWIL

LEA Die warme Hand des Todes
Systemische Sklerodermie   18

AUS DEM KURS IN GROSSHADERN

EDITH Dem Tod ins Auge sehen
Myatrophische Lateralsklerose   20
Der Tod als Freund   24
Wahrnehmung und Furcht   25

AUS DEM KURS IN SAARBRÜCKEN

ANNA »Mehr als die Mutter gibt es nicht«
Trigeminusschmerzen, Migräne, Ängste   27

AUS DEM KURS IN KÖLN

ILSE »Kauf dir einen Polo!«
Angst vor Autounfall   31

AUS DEM KURS IN MAGDEBURG

KATHARINA »Ich bin die Richtige für dich«
Mutter mit einem schwerstbehinderten Kind   32

AUS DEM KURS IN ZÜRICH I

CAROLA »Ich lasse dich ziehen mit Liebe«
Ängste und Depressionen 36

DORA »Mutti, ich halte dich fest«
Durchfälle 39

URSULA »Mutter, mein Herz schlägt für dich«
Herzrhythmusstörungen 41

AUS DEM KURS IN NÜRNBERG

GABRIELE »Etwas warte ich noch«
Abschied vom verstorbenen Mann 43

NATALIE »Mama, du und ich«
Behinderung nach einer Gehirnblutung 46

DREI GESCHWISTER
»Wir nehmen dich mit allem, was dazugehört«
Unheilbare Erbkrankheit (Chorea Huntington) 49

PAULA Die Auferstehung
Trauer um den Vater 56

AUS DEM KURS IN GRAZ

DOROTHEA Der Tod 57
Geschichte: Der Kreis 59

GRETE »Ich nehme dich in mein Herz«
Non-Hodgkin-Lymphom 60

SONJA Die Verschiebung
Unfälle als Sühne 64

MARION »Mir schmeckt's bei dir«
Eßanfälle mit Erbrechen 70

ERIKA Das Bild
Tödlicher Unfall von Mann und Kind 75

AUS DEM KURS IN KASSEL

MARTINA Der Eifer 81

LUCIA Die Stellvertretung
Angst- und Panikattacken, Depressionen und Krebs,
ihre Tochter hat mehrere Selbstmordversuche
unternommen 82
Was in einer Familie zu schweren Krankheiten führt
und zu Selbstmord 88

MARGRET Das Nein
Krebs 90
Die leere Mitte 90

HELEN Die Anmaßung
Diabetes, ihr Bruder hat sich umgebracht 91
Selbstmord und Selbstmordversuche 95

ALBERT Panikanfall 96

JUTTA »Es ist erschöpft«
Multiple Sklerose 97
Der Weg 98

GEORG »Es ist gut«
Darmkrebs 98

AUS DEM KURS IN DRESDEN

BEATA Das Vertrauen
Sklerodermie 100

CLAIRE Die Seele
Zöliakie 103

CONSTANZE Der Kummer
Hautkrebs, schwere Verbrennungen 107

HEINRICH Der Gang zu den Toten
Dickdarmkrebs, ein Kind wurde abgetrieben 110

ANGELIKA »Wir drei«
Muskeldystrophie 111

SUSANNE »Liebes Kind«
Chronische Gebärmutterentzündung 113
Die Toten 115

AUS DEM KURS IN LEIPZIG

HERMANN UND ROSA
»Ein bißchen, aber nicht zuviel«
Ein Paar, das sich nicht entscheiden kann 116

RUDOLF UND ULRIKE
Der Blick in die Augen
Ein Paar, das unter Eifersucht leidet 117

MANUEL UND FELIZITAS
»Ja, gerne«
Die Entscheidung füreinander und für das Kind 118

KONRAD UND CÄCILIA
Das Gute ist steigerungsfähig
Paar gestattet sich einen neuen Anfang 122

LEO UND HELGA
»Ich lasse dich ziehen mit Liebe«
Trauer um zwei verstorbene Frauen 123
Die Trauer 128

AUS DEM KURS IN HAMBURG

CORDULA »Tu was!«
Lebensbedrohlicher Herzfehler (Aortenstenose)   130

MATHILDE »Ich komme bald«
Zustimmung zum Tod   133

HANS Die Achtung
Kinderlähmung   136

MELANIE »Hier ist mein Platz«
Wirbelbrüche und Krebs   139

GERTRUD Die Größe
Mutter eines spasmisch gelähmten Kindes   144

AUS DEM KURS IN ZÜRICH 2

»Mir geht es gut«
Mann starb bei Autounfall, den die Frau verursacht hat   148

GOTTFRIED UND ALMA
Die Trümmer
Ordnung durch Lassen   151

AUS DEM KURS IN GLARUS

BABETTE Der Ernst
Brustkrebs, chronisches Müdigkeitssyndrom,
hat ein Kind abgetrieben   153
Der Engel   156

STELLA »Bitte, haltet mich fest«
Melkersson-Rosenthal-Syndrom   157
Freund Hein   162
Der Gast   163

VERENA Die Trauer
Diagnose: »manisch«-depressiv   165

LUDWIG »Ich lege mich zu dir«
Chronisches Schmerzsyndrom   169

WALTRAUD »Ein Weilchen, dann komme ich auch«
Brustkrebs   177

MECHTHILD »Liebe Schwester, ich lasse dich
bei der Mutter«
Sie zerkratzt sich ununterbrochen die Haut   179

LOTHAR Die äußerste Grenze
Wurde von einem Patienten schwer verletzt   184

FRITZ »Mama, bitte bleibe«
Angstzustände   187
Geschichte: Die Angst   191

AUS DEM KURS IN FRANKFURT

ELEONORE Die Umkehr
Rheumatische Arthritis und Selbstmordgefährdung   192

CHARLOTTE Liebe, die heilt
Brustkrebs   197

AUS DEM KURS IN LINZ

HEDI Tote brauchen Erlösung
Zwei abgetriebene Kinder   200
Geschichte: Die Liebe   203

AUS DEM KURS IN FREIBURG

MARIA Der Platz
Brustkrebs   205

LUTZ Vater und Sohn
Sucht   206

KATJA »Es ist gut so«
Ihr Mann und ihr Sohn haben sich umgebracht   209
Vom Lassen der Toten   214
Das Schauen   215

VERONIKA »Ein Unglück reicht«
Manisch-depressiv   216

AUS DEM KURS IN BERN

FERDINAND UND MONIKA
»Es ist unser Kind«
Paar mit einem schwerbehinderten Kind   219
Behinderte Kinder   224
Fehlgeborene Kinder   225

MONIKA »Ich lasse dich bei deinen Eltern«
Mißbrauch in der Familie der Mutter   225
Erinnern, das löst   232

JÜRGEN UND FRANZISKA
Die Achtung
Paar mit Beziehungsproblemen   234
Abschied vom Anspruch   238

ERNST UND LIESELOTTE
Die Entscheidung
Der Mann spricht oft vom Tod   238

ANDREAS UND CORNELIA
Die Demut
Der Mann kann seine Kinder nicht umarmen   241

AUS DEM KURS IN WIEN

BARBARA »Wenn du mich brauchst, bin ich für dich da«
Ihre Schwester ist geistig behindert   247
Die Zustimmung   251

EINSICHT DURCH VERZICHT   253
Die Erkenntnis   253
Der wissenschaftliche und der phänomenologische
Erkenntnisweg   254
Der Vorgang   255
Der Verzicht   255
Der Mut   256
Der Einklang   256
Philosophische Phänomenologie   257
Psychotherapeutische Phänomenologie   258
Die Seele   260
Religiöse Phänomenologie   260
Die Umkehr   261

Veröffentlichungen von und über Bert Hellinger   263

Einführung

Kurztherapien zeichnen sich dadurch aus, daß sie aus der Fülle des Möglichen auf das Wesentliche zielen. Sie kommen sofort zur Sache, zur Mitte, zur Wurzel.

Zwar ist auch das Familien-Stellen eine Kurztherapie, weil es das bisher in der Familie Verborgene in wenigen Schritten ans Licht bringt und sich daraus die Lösungen oft wie von selbst ergeben. Eine Familienaufstellung dauert in der Regel zwischen 20 und 50 Minuten. Dies ist sehr kurz, wenn man bedenkt, wieviel dabei zu Tage kommt und wie weitreichend die Ergebnisse sind. Doch hat sie die Familie als Ganzes im Blick und bezieht mehrere Personen in die Lösung mit ein.

Die in diesem Buch dokumentierten Kurztherapien haben den einzelnen im Blick. Zwar sehen auch sie ihn in einem Beziehungsgeflecht, es geht dabei aber meist nur um die Beziehung zu einer Person, manchmal auch zu zwei Personen. Es geht um die Lösung im wörtlichen Sinn oder um eine Hinbewegung, die bisher behindert oder unterbrochen war. Oder es geht um den Blick auf eine Wirklichkeit, die bisher nicht wahrgenommen wurde, weil man sich vor ihr gefürchtet hat. Hier läßt der Therapeut den Klienten ohne Umweg diese Wirklichkeit anschauen und sich von ihr die Lösung zeigen. Diese Kurztherapien dauern in der Regel nicht länger als 15 Minuten.

Elemente des Familien-Stellens fließen manchmal auch in diese Therapien mit ein. Sie sind dann auf das Wesentliche verdichtete Familienaufstellungen. Doch selten werden dabei mehr als zwei oder drei Personen aufgestellt. Manchmal läuft der Lösungsprozeß fast ohne Mitwirkung des Therapeuten ab, weil der Klient und die von ihm gewählten Stellvertreter sich in einem Kraftfeld bewegen, das ihnen unwiderstehlich die Richtung weist.

Die hier dokumentierten 63 Therapien wurden während meiner Kurse mit Kranken oder Paaren auf Video aufgezeichnet. Daher war es möglich, sie in Wort und Bewegung genau wiederzugeben.

Im Grunde sind diese Kurztherapien auch Kurzgeschichten, manchmal aufwühlend, manchmal erheiternd, manchmal voller Dramatik und dann wieder besinnlich und still. Gemeinsam ist allen, daß sich die Lösungen unmittelbar aus dem Geschehen ergeben und dadurch jedesmal anders und einmalig sind. Daher habe ich auch darauf verzichtet, sie in eine andere als eine zeitliche Ordnung zu bringen.

Zwischen den Geschichten gebe ich manchmal weiterführende Hinweise, zum Beispiel in den Kapiteln »Wahrnehmung und Furcht«, »Der Weg«, »Die Toten«, »Die Trauer«. Darüber hinaus beschreibe ich im letzten Kapitel »Einsicht durch Verzicht« den Erkenntnisweg, der zur Vielfalt der hier dokumentierten Lösungen führt.

In diesem Buch fasse ich die Erfahrungen aus der Begegnung mit vielen Menschen zusammen, ohne Theorie, einfach im Erzählen von dem, was zwischen uns ablief. In diesen Begegnungen wurde ich sowohl gefordert als auch reich beschenkt. Ich denke mit Achtung und Liebe an sie.

Bert Hellinger

Dank

Mein Dank gilt vor allem den Menschen, denen ich in diesen Therapien begegnen durfte.

Danken möchte ich auch vielen Freunden, dir mir geholfen haben, die Kurse zu organisieren, aufzuzeichnen und ins Schriftliche zu übertragen, die diese Dokumentation zu ermöglichen. Zwei von ihnen möchte ich besonders nennen: Johannes Neuhauser und Harald Hohnen.

Wertvolle Anregungen erhielt ich von Sylvia Gómez Pedra, Norbert Linz und Gunthard Weber.

Ihnen allen fühle ich mich freundschaftlich verbunden.

AUS DEM KURS IN WÄDENSWIL

LEA Die warme Hand des Todes
Systemische Sklerodermie

HELLINGER *zu Lea* Was ist bei dir?

LEA Ich habe seit fünf Jahren eine systemische Sklerodermie mit Lungen- und Herzbefall.

HELLINGER Kannst du auf deutsch sagen, was das ist?

LEA Es ist eine Erkrankung des Bindegewebssystems und auch der Blutgefäße.

HELLINGER Wie wirkt sich das aus?

LEA Die eigentliche Krankheit wirkt sich aus durch eine totale Verhärtung der Haut, also auch der Lunge. Durch das Kortison wird das aufgelöst. Ich nehme seit fünf Jahren Kortison. Vor dem Ausbruch der Krankheit hatte ich sehr viele Depressionen und Migräne.

HELLINGER Die sind jetzt weg?

LEA Die sind besser geworden mit der Krankheit. Ja.

HELLINGER Ich mache mit dir nur eine Zwei-Personen-Aufstellung, nämlich dich und den Tod. Ja?

Lea nickt.

HELLINGER Wer könnte der Tod sein? Ist der Tod ein Mann oder eine Frau?

LEA Ein Mann.

HELLINGER Bist du sicher? Spüre genau hinein.

LEA Eine Frau.

HELLINGER Die Vietnamesen, habe ich mir sagen lassen, waren in dem langen Bürgerkrieg oft sehr todesmutig. Sie haben gesagt: »Death is a lady«, also, der Tod ist eine Dame. In den inneren Bildern ist der Tod oft weiblich.

zu Lea Wähle jemanden für dich und jemanden für den Tod. Dann stelle sie in Beziehung zueinander.

Lea stellt ihre Stellvertreterin dem Tod ganz nah gegenüber. Beide schauen sich unentwegt in die Augen.

HELLINGER *nach einer Weile zur Stellvertreterin von Lea* Wie geht es dir?

STELLVERTRETERIN Mir ist ganz warm, angenehm warm. Ich spüre den Hauch des Todes. – Ja.

TOD Ich habe ganz warme Hände und ein Kribbelgefühl in den Händen.

HELLINGER *zum Tod* Nimm sie bei der Hand, mit beiden Händen.

Der Tod und die Stellvertreterin von Lea reichen sich beide Hände und schauen sich weiterhin unentwegt in die Augen.

HELLINGER *nach einer Weile zur Stellvertreterin von Lea* Jetzt neige leicht dein Haupt, ganz leicht. Noch etwas tiefer. So.

Sie neigt ihr Haupt und verweilt so lange.

HELLINGER *nach einiger Zeit zu Lea* Ist es gut so für dich?

Lea nickt und ist sehr bewegt.

AUS DEM KURS IN GROSSHADERN

EDITH   Dem Tod ins Auge sehen
Myatrophische Lateralsklerose

HELLINGER *zu Edith, die im Rollstuhl sitzt und offensichtlich sehr krank ist* Ich arbeite mit dir, soll ich?
EDITH Wenn etwas Gutes dabei herauskommt?
HELLINGER Wenn deine Seele mitwirkt, kommt etwas Gutes heraus. Meine Seele wirkt auch mit. Einverstanden? Was ist dein Leiden?
EDITH Myatrophische Lateralsklerose, einschließlich Zunge. Was soll ich noch sagen?
HELLINGER Ist das heilbar oder unheilbar?
EDITH Weiß ich nicht. Ich brauche zum Essen Strohhalme.
HELLINGER Was sagen die Ärzte? Wie ist die Prognose?
ÄRZTIN VON EDITH Die Patientin hatte im August eine Blasenkrebsoperation, und jetzt geht sie noch in eine Klinik. Prognosen weiß ich nicht. Sie wird von einer anderen Ärztin überwiesen.
HELLINGER Ich spüre, da ist Angst, dem ins Auge zu schauen.
zu einem anderen Arzt Hast du den Mut zu sagen, was die Prognose ist, normalerweise?
ARZT Ich denke, ich habe Mut zu sagen, was ich denke, aber ich versuche, sehr genau klarzumachen, daß ich es auch nicht weiß, sondern daß ich nur die Statistik sagen kann. In bezug auf diese neurologische, degenerative Erkrankung kenne ich mich nicht genau aus. Ich denke aber, es ist so, daß, wo etwas kaputtgegangen ist, sich das nicht erholen kann, daß sich aber Funktionen erholen können.
HELLINGER *zu Edith* Wieviel Zeit gibst du dir zu leben?
EDITH Ich weiß nicht, ob diese Krankheit tödlich ist. Ist sie das?
HELLINGER Nach deinem Gefühl: Wieviel Zeit gibst du dir zu leben?
EDITH Darüber habe ich noch nicht nachgedacht.
HELLINGER Frage die Tiefe deiner Seele. Was sagt sie dir?
EDITH Die schweigt. *Sie lacht.* Die sagt: Für die anderen wäre es besser.
HELLINGER Für die anderen wäre es besser?

HELLINGER *zur Gruppe* Mein Bild ist, sie hat nicht mehr lange zu leben. Das ist mein Bild, und ich nehme es ernst. Ich mache jetzt eine Aufstellung, bei der sie nur zuzuschauen braucht.
zu Edith Ja?

Edith nickt.

Hellinger wählt eine Frau, die Edith vertritt, und eine andere Frau, die den Tod vertritt. Die beiden Stellvertreterinnen stellen sich spontan einander gegenüber.

Bild 1

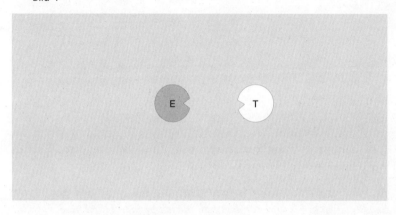

E **Stellvertreterin von Edith**
T Tod

Nach einer Weile stellt der Tod den rechten Fuß nach vorne und streckt »Edith«, die Arme entgegen. »Edith« lehnt sich etwas zurück und neigt den Kopf nach links. Dann richtet sie ihn wieder auf.

Der Tod streckt ihr die Arme noch mehr entgegen. »Edith« neigt den Kopf und den Körper etwas nach vorne.

Der Tod geht näher auf sie zu. Während »Edith« noch auf den Boden schaut, legt der Tod die rechte Hand auf ihre Schulter. Sie streckt ihm langsam ihre linke Hand entgegen. Der Tod nimmt nun ihre Hand in beide Hände. »Edith« hält ihren rechten Unterarm vor ihre Augen, dreht sich nach links zur Seite und geht abgewandt auf den Tod zu. Dieser legt den linken Arm um sie und seinen Kopf hinter den ihren.

Dann legt ihr der Tod seine linke Hand an den Hinterkopf und schaut mit ihr in die gleiche Richtung.

Bild 2

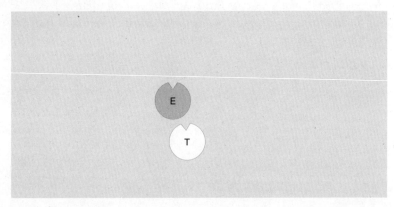

HELLINGER *zur Stellvertreterin von Edith* Schaue dem Tod ins Auge und sag: »Ich komme.«

»Edith« dreht den Kopf, schaut dem Tod ins Auge und geht einen Schritt zurück. Sie und der Tod halten sich bei den Händen. Sie schaut ihm lange in die Augen.

STELLVERTRETERIN VON EDITH Ich komme.

Der Tod legt wieder die linke Hand auf ihre Schulter und hält sie bei der rechten Hand. »Edith« geht auf ihn zu, legt den Kopf auf seine linke Schulter, wendet ihn aber von ihm weg nach links. Dann geht sie einen Schritt zurück, wie um sich zu lösen. Der Tod hält sie mit der rechten Hand.

HELLINGER *zur Stellvertreterin von Edith* Gehe noch mal nahe heran.

»Edith« geht wieder nahe zum Tod, schaut aber wieder weg nach links.

HELLINGER *zu Edith* Da steht jemand vor deiner Stellvertreterin. Wer ist das, der vor ihr steht?

EDITH *schluchzt laut* Mein Mann. Mein Mann.
HELLINGER Dein Mann? Was ist mit dem?
EDITH Der steht da und läßt mich nicht gehen.

Hellinger stellt einen Stellvertreter für den Mann in die Blickrichtung von »Edith«.

Bild 3

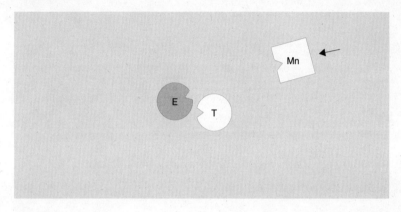

Mn   Mann

HELLINGER *zum Stellvertreter des Mannes* Bleib einfach so stehen.

»Edith« schaut lange auf ihren Mann.

HELLINGER *zum Tod, als auch dieser auf den Mann schauen will* Bleibe du ihr zugewandt.

Hellinger legt den linken Arm von »Edith« um den Tod. Dann legt sie ihren Kopf auf die rechte Schulter des Todes.

Bild 4

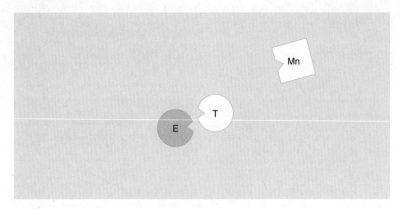

HELLINGER *nach einer Weile* Okay, das war's dann.

Der Tod als Freund

HELLINGER *zur Gruppe* Der Therapeut, der Angst hat vor dem Tod, kann nicht helfen. Wer Angst hat, dem Tod ins Auge zu sehen, kann nicht helfen.

Ich mache manchmal eine Übung für mich, wenn ich mit einem Patienten zu tun habe, bei dem es um Leben und Tod geht und bei dem ich nicht weiter weiß. Dann stelle ich mir den Tod dieses Patienten vor, in einiger Entfernung, und warte, daß er mir eine Nachricht gibt. Das macht er manchmal, und dann kann ich dem Patienten helfen. Ich bin also im Einklang mit dem Tod.

zu einer Teilnehmerin, als diese einen Einwand macht Schauen Sie auf die Patientin, dann sehen Sie das andere. Das ist nämlich wichtig. Oft kommt uns ein Einwand, und er scheint berechtigt. Wenn ich einen solchen Einwand habe, dann schaue ich auf den Patienten und prüfe: Hilft es ihm, nährt es ihn, stärkt es ihn oder macht es ihn schwach?

TEILNEHMER Fragen Sie doch jetzt mal die Patientin.
HELLINGER Nein. Das darf man jetzt nicht machen!

TEILNEHMER Warum nicht?

HELLINGER Ich würde sie dann für das Auditorium benutzen. Das darf man nicht machen. Da ist äußerste Zurückhaltung angebracht.

zu einer Teilnehmerin, die eine weitere Frage in dieser Richtung stellt Ich will mich darauf nicht einlassen. Das ist eine Frage für jemand, der meint, er könne das Ergebnis in die Hand nehmen. Ich nehme es nicht in die Hand. Ich bringe etwas ans Licht und traue dem, was ans Licht gekommen ist. Ich traue, daß es wirkt, ohne daß ich dazwischentrete. Ich trete doch nicht zwischen ihre Seele und das, was sie gesehen hat. Solche Fragen wären ein Dazwischentreten. Deswegen schaut es auf der einen Seite so aus, als sei das, was ich tue, etwas sehr Anmaßendes. Auf der anderen Seite ist es ganz demütig, weil es den Patienten bei sich beläßt und ihm zutraut, daß er das Richtige findet. Denn nicht das, was jetzt passiert ist, ist bereits das Richtige, aber es stößt etwas an und eröffnet einen Weg.

HELLINGER *zu Edith, etwa eine Stunde später, als er sie lachen sieht* Sie haben ja gelacht!

EDITH Ich lache an und für sich gerne.

HELLINGER *zu einer Teilnehmerin, die fragt, ob das nicht gefährlich und anmaßend sei, so vom Tod zu sprechen, wie vorher zu Edith* Es wäre unheimlich, wenn ich mir so etwas ausdenke. Man könnte auch fragen: Was haben die anderen wahrgenommen? Haben die etwas anderes wahrgenommen als ich, oder wollten sie es nur nicht wahrhaben, was sie wahrgenommen haben?

Man sieht es sofort an der Reaktion, ob man im Einklang ist mit dem, was geschieht oder nicht. Edith war völlig im Einklang, und sie hat mir gerade gesagt, daß es ihr besser geht. Es ist also so, daß der Patient selbst keine Angst hat. Die anderen haben Angst. Der Patient selbst weiß, was mit ihm los ist, und kann dem ins Auge schauen.

Wahrnehmung und Furcht

TEILNEHMER Es scheint doch, daß es auch gefährlich ist, was Sie hier machen, dieser Umgang mit dem Tod und dem Ernst des Lebens.

HELLINGER Es ist gefährlich. Es geht an die äußerste Grenze und braucht vom Therapeuten den äußersten Mut. Es ist leichter, sich zurückzustellen und sich hinter Konjunktiven zu verstecken. Dann wird der Patient betrogen und kann keine Stellung nehmen. Wenn ich aber so klar darüber rede, ist kein Platz mehr für Spiel, und es kommt der ganze Ernst. Dann ist der Patient voll bei sich und bietet mir auch Paroli in dem Augenblick, wo es ernst ist. Aber vorher nicht. Er traut mir nicht mehr, wenn ich mich verstecke.

Ich setze meine Wahrnehmung ein, als sei sie in dem Augenblick, in dem ich sie sage, absolut gültig. Ich sehe nämlich in dem Augenblick nichts anderes. Doch ich bin ja nicht allein. Auch der Patient nimmt wahr, und die Gruppe. Wenn er oder die Gruppe etwas anderes wahrnehmen, dann nehme ich diese Wahrnehmung mit herein. Daher habe ich auch keine Angst, daß etwas schiefgehen kann.

ANDERER TEILNEHMER Da stellt sich mir die Frage, wie Sie so sicher sein können.

HELLINGER Ich habe oft bemerkt, wenn ich etwas Wichtiges vergesse oder wenn es nicht weitergeht und ich abbrechen muß, daß nach einiger Zeit bei den Patienten oder bei jemand, mit dem er bekannt ist, etwas Wichtiges hochkam und es dann weitergehen konnte. Ich vertraue also auch den anderen. Ich füge mich der Seele des anderen und meiner Seele, und gleichzeitig habe ich das Bild von einer großen Seele, die alles umfaßt und im geheimen wirkt. Das lasse ich wirken. Dazu braucht es Mut.

Es gibt bei Carlos Castaneda in seinen Büchern über Don Juan, den Schamanen, eine Stelle über die Feinde des Wissens. Der erste Feind des Wissens ist die Furcht. Wer Furcht hat, kann nicht wahrnehmen. Nur wer die Furcht überwunden hat, gewinnt Klarheit.

AUS DEM KURS IN SAARBRÜCKEN

ANNA »Mehr als die Mutter gibt es nicht«
Trigeminusschmerzen, Migräne, Ängste

HELLINGER Was ist bei dir?
ANNA Ich spüre Energiefelder, ich habe Trigeminusschmerzen, Migräne, verschiedene allergische Reaktionen und Ängste.
HELLINGER Das ist ja ein ganzes Bündel. Bist du verheiratet?
ANNA Verheiratet, aber seit kurzem getrennt.
HELLINGER Hast du Kinder?
ANNA Nein.
HELLINGER Wieso hast du dich getrennt?
ANNA Wir haben uns auseinandergelebt, und als meine Reaktionen bezüglich der Strahlenbelastung intensiv geworden sind, hat mein Mann gesagt, ich soll mir eine eigene Wohnung suchen.
HELLINGER Kannst du es verstehen? Du siehst glücklich aus bei der Trennung. Wenn ich dein Gesicht sehe, ist es für dich eine Erleichterung.
ANNA Teilweise.
HELLINGER Teilweise genügt.
zur Gruppe Habt ihr gesehen, wie glücklich sie geschaut hat wegen der Trennung? Okay, was ist in deiner Herkunftsfamilie?
ANNA Ich bin eine Frühgeburt.
HELLINGER Wie früh?
ANNA Ein Achtmonatskind.
HELLINGER Warst du im Brutkasten?
ANNA *weint* Ich bin sofort von der Mutter getrennt worden und wurde in ein anderes Krankenhaus verlegt.
HELLINGER In ein anderes Krankenhaus?
ANNA *weint* Die Mutter hat mich eine Zeitlang nicht gesehen.
HELLINGER Wie lange?
ANNA Ich weiß es nicht genau, vielleicht einen Monat.
HELLINGER Hat die Mutter einen Schaden erlitten bei der Geburt?
ANNA Sie wäre fast verblutet. Sie hat mir erzählt, die Nachgeburt sei nicht gekommen. Die Ärzte hätten ihr dann auf den Bauch gedrückt,

und da wäre sie fast verblutet. Dann wäre noch eine Infektion in dem Krankenhaus ausgebrochen, und sie hätte in einem riesigen Saal allein gelegen und sich sehr einsam gefühlt.

HELLINGER Hier liegt etwas Traumatisches vor, nicht etwas Systemisches. Was soll ich jetzt mit dir machen?

ANNA Ich weiß es nicht.

HELLINGER Soll ich etwas machen?

ANNA Ja.

HELLINGER Dann mache ich mit dir eine seltsame Übung. Soll ich?

ANNA Welche ist das?

HELLINGER Das wirst du sehen. Aber es ist nichts, was dich beschämt. Ja?

ANNA Okay.

Hellinger wählt eine Stellvertreterin für die Mutter und läßt sie sich mit dem Rücken auf den Boden legen. Dann läßt er Anna sich neben sie legen, mit dem Kopf auf gleicher Höhe.

HELLINGER *zur Mutter* Du schaust nur in die Höhe. Sonst brauchst du nichts zu machen, du brauchst nur da zu sein.

zu Anna Dreh den Kopf zu ihr und schau sie an mit Liebe.

nach einiger Zeit, als er sieht, daß Anna sehr bewegt ist Tief atmen.

wieder nach einiger Zeit Wie hast du deine Mutter angeredet als Kind?

ANNA Mama.

HELLINGER Schau sie an und sag: »Mama.«

ANNA Mama.

HELLINGER Sag es mit Liebe

ANNA Mama.

HELLINGER Tief atmen. In den Bauch atmen. Und schau sie an. »Mama.«

ANNA Mama.

HELLINGER »Liebe Mama.« Behalte sie im Blick, wenn du das sagst.

ANNA Liebe Mama.

HELLINGER *nach einer Weile* Sag: »Ich nehme es von dir.«

ANNA Ich nehme es von dir.

HELLINGER »Auch zu dem Preis, den du bezahlt hast.«

Anna weint.

HELLINGER Schau sie an, schau sie an und sag's: »Auch zu dem Preis, den du bezahlt hast.« Du mußt sie anschauen.

ANNA Auch zu dem Preis, den du bezahlt hast.

HELLINGER »Liebe Mama.«

ANNA Liebe Mama.

HELLINGER *nach einer Weile* Wie geht's dir dabei?

ANNA Ich kann es nicht sagen.

HELLINGER Nimmst du es wirklich?

ANNA Ich weiß es nicht.

HELLINGER Wie geht's dann deiner Mutter?

ANNA Meiner Mutter? Ich habe immer das Gefühl, sie nimmt mich nicht an, oder sie läßt mich nicht los.

HELLINGER Bisher habe ich nur gesehen, daß d u sie nicht nimmst. Schau sie an! Sag: »Liebe Mama.«

ANNA *mit unterdrücktem Weinen* Liebe Mama.

HELLINGER »Ich nehme dich als meine Mutter.«

ANNA Ich nehme dich als meine Mutter.

HELLINGER »Und du darfst mich haben als dein Kind.«

ANNA Und du darfst mich haben als dein Kind.

HELLINGER »Ich bleibe immer bei dir.«

ANNA Ich bleibe immer bei dir.

HELLINGER »Liebe Mama.«

ANNA Liebe Mama.

HELLINGER Sag es ganz ruhig, mit normaler Stimme: »Liebe Mama.«

ANNA Liebe Mama.

HELLINGER »Ich nehme dich als meine Mutter.«

ANNA Ich nehme dich als meine Mutter.

HELLINGER »Und du darfst mich haben als dein Kind.«

ANNA Und du darfst mich haben als dein Kind.

HELLINGER »Ich bleibe immer bei dir.«

ANNA Ich bleibe immer bei dir.

HELLINGER Wie ist das?

ANNA Gut.

HELLINGER Okay, das war's.

zur Stellvertreterin der Mutter Danke, daß du das mitgemacht hast.

zu Anna, als sie wieder neben ihm sitzt Ich habe einen Verdacht über die Energiefelder. Sie sind nichts als deine Mutter.

ANNA Meine Mutter?

HELLINGER Sie sind nichts als deine Mutter. Ist das ein schöner Gedanke?

ANNA Ich habe immer das Gefühl gehabt, ich verliere Energie.

HELLINGER Was habe ich gesagt?

ANNA Das Energiefeld ist meine Mutter.

HELLINGER Genau.

ANNA Und das, was positiv ist.

HELLINGER Genau.

ANNA Mehr kann jetzt bei mir nicht sein? *Sie lacht.*

HELLINGER Ich will dir ein Geheimnis verraten. Mehr als die Mutter gibt es nicht. Einverstanden?

Anna lacht und nickt.

HELLINGER Für die Therapeuten möchte ich diese Methode etwas erklären. Wo es eine Trennung gibt, gibt es oft auch eine Identifizierung. Anna leidet mit der Mutter. Was die Mutter gelitten hat, leidet sie auch. Wenn man beide nebeneinander legt und die Tochter die Mutter mit Liebe anschauen läßt, löst das die Identifizierung auf. Sobald die Liebe fließt, löst sich die Identifizierung auf. Identifizierung gibt es nur, wenn es kein Gegenüber gibt. Denn durch die Identifizierung werde ich ja mit dem anderen eins. Sobald der andere gegenübergestellt und angeschaut wird, so daß er in den Blick kommt und die Liebe wieder fließen kann, löst sich die Identifizierung.

AUS DEM KURS IN KÖLN

ILSE »Kauf dir einen Polo!«
Angst vor Autounfall

HELLINGER Was ist bei dir?

ILSE Ich habe Ängste, einen Autounfall zu bauen.

HELLINGER Hast du schon mal einen gehabt?

ILSE Noch nie, ich habe noch keinen Autounfall gehabt.

HELLINGER Ich hatte mal einen Ingenieur in einem Kurs, der hat sich einen Mercedes gekauft. Das war in seiner Familie eigentlich nicht erlaubt. Eines Tages ist er auf der Autobahn gefahren, und plötzlich fährt ihm einer hinten rein. Da hat er aufgeatmet! Jetzt hatte er für den Mercedes bezahlt.

ILSE Ich habe mir ein Auto gekauft, was mein Mann nicht wollte, daß ich das kaufe.

HELLINGER Wie lange hast du das schon?

ILSE Drei Jahre.

HELLINGER Was ist es denn für eines?

ILSE Ein BMW. *Lachen in der Gruppe.*

HELLINGER Und was fährt dein Mann für eines?

ILSE Einen Golf.

HELLINGER Ich mache dir einen Vorschlag, ja? Kauf einen Polo!

ILSE Den hatte ich zuvor. *Lautes Lachen im Publikum.*

AUS DEM KURS IN MAGDEBURG

KATHARINA »Ich bin die Richtige für dich«
Mutter mit einem schwerstbehinderten Kind

HELLINGER *zu Katharina* Was ist bei dir?

KATHARINA Ich habe eine Zwangsneurose und Depressionen.

HELLINGER Was machst du, wenn du deinen Zwängen folgst?

KATHARINA Ich treffe sehr viele Vorsichtsmaßnahmen für mich. Für mich ist es aber nicht so wichtig wie für meinen behinderten Jungen, der im Ostharz wohnt. Wenn ich dorthin fahre, treffe ich alle Vorsichtsmaßnahmen. Ich wasche mich und wasche die Gegenstände ab, die ich mitnehme.

HELLINGER Du hast also einen behinderten Sohn.

KATHARINA Ja.

HELLINGER Was ist die Behinderung?

KATHARINA Er ist hundertprozentig geistig und körperlich behindert.

HELLINGER Was ist mit deinem Mann?

KATHARINA Der ist vor drei Jahren verstorben.

HELLINGER Was ist passiert, daß das Kind so behindert ist?

KATHARINA Er ist von Geburt an behindert. Es wurde damals nachgeforscht, und es wurde nichts Konkretes gefunden.

HELLINGER Wie habt ihr als Eltern darauf reagiert?

KATHARINA Mein Mann war gelassen, aber ich bin dann von Arzt zu Arzt, und wir sind auch mit dem Jungen nach Berlin zur Charité und überallhin.

HELLINGER Hat sich jemand schuldig gefühlt wegen der Behinderung, du oder dein Mann?

KATHARINA Ich habe mich schon gefragt, was ich falsch gemacht habe, aber ich bin zu keinem Resultat gekommen.

HELLINGER Wie alt warst du bei der Geburt des Kindes?

KATHARINA Achtundzwanzig.

Hellinger wählt einen Stellvertreter für den behinderten Sohn und stellt sich mit der Mutter ihm gegenüber.

Bild 1

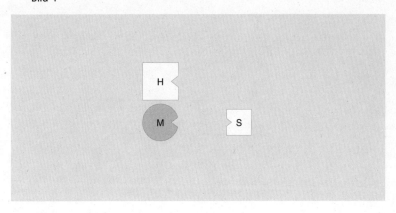

M   **Mutter (= Katharina)**
S   Sohn, hundertprozentig geistig und körperlich behindert
H   Hellinger

HELLINGER *zu Katharina* Leg den Arm um mich. Schau den Jungen an und sag ihm: »Ich nehme dich als Kind.«
KATHARINA Ich nehme dich als Kind.
HELLINGER »In mein Herz.«
KATHARINA In mein Herz.
HELLINGER »Und in meine Hände.«
KATHARINA Und in meine Hände.
HELLINGER »Ich pflege dich, so gut ich kann.«
KATHARINA Ich pflege dich, so gut ich kann.
HELLINGER »Und ich vertraue dich einer größeren Kraft an.«
KATHARINA Und ich vertraue dich einer größeren Kraft an.
HELLINGER »Und ich füge mich dieser Kraft.«
KATHARINA Und ich füge mich dieser Kraft.
HELLINGER »Der ich dich anvertraue.«
KATHARINA Der ich dich anvertraue.
HELLINGER Jetzt geh hin und faß ihn an mit beiden Händen.

Hellinger führt sie zum Sohn. Sie faßt ihn mit beiden Händen an den Armen und streichelt ihn.

Bild 2

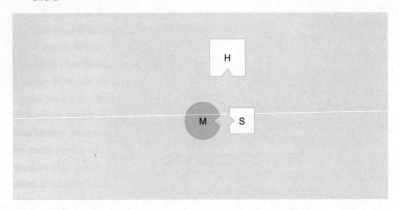

HELLINGER Faß ihn heilend an, mit beiden Händen, heilend mit beiden Händen. Und fang oben beim Kopf an. Richtig fest, so daß er spürt, daß du ihn fest anfaßt.

Sie streichelt ihn fest mit beiden Händen vom Kopf über die Wangen und Schultern die Arme hinunter.

HELLINGER Und sag ihm in die Augen: »Ich bin die Richtige für dich.«
KATHARINA *während sie ihn fest anfaßt und streichelt* Ich bin die Richtige für dich.
HELLINGER Ich bin deine Mutter.
KATHARINA Ich bin deine Mutter. Ich bin die Richtige für dich, ich bin deine Mutter.
zu Hellinger, während sie den Sohn losläßt Darf ich noch was dazu sagen? Ich habe mich wegen dieser Vorsichtsmaßnahmen, die ich treffen mußte, auch gescheut, öfter hinzufahren. Jetzt fahre ich aber öfter hin und mache alles so, wie ich denke, daß das richtig ist. Es kostet mich aber jedes Mal noch Überwindung. Aber wenn ich erst mal dort bin, dann nehme ich ihn in den Arm und drücke ihn.

Sie ist sehr bewegt.

HELLINGER Genau, tu das so.

Hellinger wählt einen Stellvertreter für den behinderten Sohn und stellt sich mit der Mutter ihm gegenüber.

Bild 1

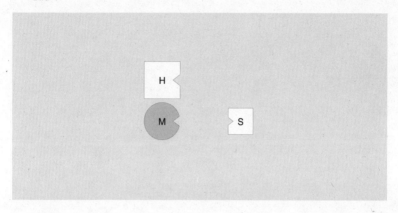

M   **Mutter (= Katharina)**
S   Sohn, hundertprozentig geistig und körperlich behindert
H   Hellinger

HELLINGER *zu Katharina* Leg den Arm um mich. Schau den Jungen an und sag ihm: »Ich nehme dich als Kind.«
KATHARINA Ich nehme dich als Kind.
HELLINGER »In mein Herz.«
KATHARINA In mein Herz.
HELLINGER »Und in meine Hände.«
KATHARINA Und in meine Hände.
HELLINGER »Ich pflege dich, so gut ich kann.«
KATHARINA Ich pflege dich, so gut ich kann.
HELLINGER »Und ich vertraue dich einer größeren Kraft an.«
KATHARINA Und ich vertraue dich einer größeren Kraft an.
HELLINGER »Und ich füge mich dieser Kraft.«
KATHARINA Und ich füge mich dieser Kraft.
HELLINGER »Der ich dich anvertraue.«
KATHARINA Der ich dich anvertraue.
HELLINGER Jetzt geh hin und faß ihn an mit beiden Händen.

Hellinger führt sie zum Sohn. Sie faßt ihn mit beiden Händen an den Armen und streichelt ihn.

Bild 2

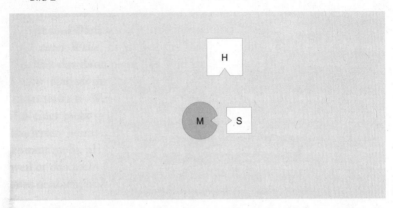

HELLINGER Faß ihn heilend an, mit beiden Händen, heilend mit beiden Händen. Und fang oben beim Kopf an. Richtig fest, so daß er spürt, daß du ihn fest anfaßt.

Sie streichelt ihn fest mit beiden Händen vom Kopf über die Wangen und Schultern die Arme hinunter.

HELLINGER Und sag ihm in die Augen: »Ich bin die Richtige für dich.«
KATHARINA *während sie ihn fest anfaßt und streichelt* Ich bin die Richtige für dich.
HELLINGER Ich bin deine Mutter.
KATHARINA Ich bin deine Mutter. Ich bin die Richtige für dich, ich bin deine Mutter.
zu Hellinger, während sie den Sohn losläßt Darf ich noch was dazu sagen? Ich habe mich wegen dieser Vorsichtsmaßnahmen, die ich treffen mußte, auch gescheut, öfter hinzufahren. Jetzt fahre ich aber öfter hin und mache alles so, wie ich denke, daß das richtig ist. Es kostet mich aber jedes Mal noch Überwindung. Aber wenn ich erst mal dort bin, dann nehme ich ihn in den Arm und drücke ihn.

Sie ist sehr bewegt.

HELLINGER Genau, tu das so.

Sie faßt den Sohn wieder mit beiden Händen.

HELLINGER Sag ihm: »Niemand ist besser für dich als ich, deine Mutter.«

KATHARINA *unter Tränen* Niemand ist besser für dich als ich, deine Mutter Niemand ist besser für dich als ich, deine Mutter.

HELLINGER Wie geht's dem Sohn?

SOHN Gut.

zu seiner Mutter Vor allen Dingen, wenn du mich festhältst. Mir ging's eben nicht gut, als du zwischendurch wieder losgelassen hast.

HELLINGER *zu Katharina* Genau, du hast heilende Hände.

Der Sohn geht auf die Mutter zu, und beide umarmen sich lange und innig.

HELLINGER *zu Katharina, als beide wieder loslassen* Schau ihn an. *nach einer Weile* Wie geht es dir jetzt?

KATHARINA Gut.

HELLINGER Da lasse ich's, einverstanden?

KATHARINA Ja.

AUS DEM KURS IN ZÜRICH I

CAROLA »Ich lasse dich ziehen mit Liebe«
Ängste und Depressionen

HELLINGER *zu Carola* Was ist bei dir?
CAROLA Ich habe eine tote Zwillingsschwester und habe Ängste und Depressionen.
HELLINGER Wann ist die Zwillingsschwester gestorben?
CAROLA Mit einem Jahr und fünfzehn Tagen.
HELLINGER Wer ist älter von euch beiden?
CAROLA Ich.
HELLINGER Wir stellen zwei Personen auf: dich und deine Zwillingsschwester.

Bild 1

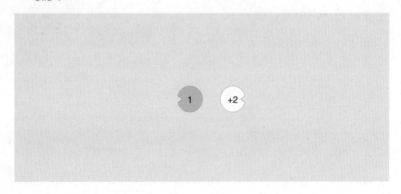

1   **Erste Zwillingsschwester (= Carola)**
+2   Zweite Zwillingsschwester, starb mit einem Jahr

HELLINGER *zur Stellvertreterin von Carola* Wie geht es dir?
ERSTES KIND Ich fühle ein Stechen hier in der Lunge und im Herz. Ich fühle mich alleine und habe Angst. Ich weiß nicht, was hinter mir ist. Ich fühle etwas, aber ich weiß nicht was.

HELLINGER *zur verstorbenen Zwillingsschwester* Wie geht es dir?
ZWEITES KIND † Ich fühle mich auch alleine, aber leicht. Ich fühle überhaupt keine Verbindung nach hinten, so ein bißchen auch schwebend. *Sie lacht.* Also gut. Ich fühle mich auch gut.
HELLINGER *zur Gruppe* Der Tod hat nichts Schlimmes für Kinder.
zu Carola Wenn man sie läßt, wenn man sie ziehen läßt. Rilke sagt in den Duineser Elegien von den frühe Entrückten, daß es sie beschwert, wenn wir zu sehr um sie trauern. Ihre leichte Bewegung wird durch unser Trauern behindert. Diese leichte Bewegung konntest du hier sehen. Stell dich nun selbst an deinen Platz.
als sie dort steht Wie geht es dir da?
CAROLA Es zieht mich nach unten.

Hellinger stellt sie seitlich der Zwillingsschwester in den Blick.

Bild 2

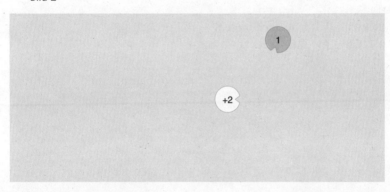

HELLINGER Wie ist das?
CAROLA Ich sehe sie.
HELLINGER *zur verstorbenen Zwillingsschwester* Wie geht es dir?
ZWEITES KIND † Weiter so. Es geht mir gut.
HELLINGER *zu Carola* Schau zu ihr hin.
zur verstorbenen Zwillingsschwester Du brauchst nicht herzuschauen. Schau in deine Richtung.
zu Carola Sag ihr: »Ich lasse dich ziehen mit Liebe.«
CAROLA Ich lasse dich ziehen mit Liebe.
HELLINGER »Und nach einer Weile komm ich auch.«
CAROLA Und nach einer Weile komm ich auch.
HELLINGER Wie ist das?

CAROLA So fremd.
HELLINGER Stell dich hinter sie.

Bild 3

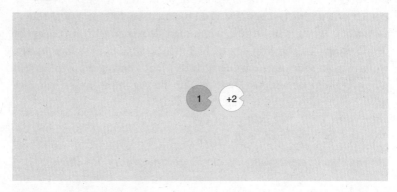

HELLINGER Wie ist das?
CAROLA Ich falle nach hinten.
HELLINGER Geh zurück.

Bild 4

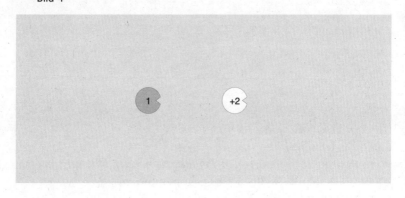

HELLINGER Wie ist das?
CAROLA Es ist gut.
HELLINGER Sag das noch einmal: »Ich lasse dich ziehen mit Liebe.«
CAROLA Ich lasse dich ziehen mit Liebe.
HELLINGER »Und nach einer Weile komme ich auch.«
CAROLA Und nach einer Weile komme ich auch. *Sie atmet hörbar aus.*
HELLINGER Wie ist das?

CAROLA Gut.

HELLINGER Wie ist das für die Zwillingsschwester?

ZWEITES KIND † Gut. Es fühlt sich gut an. Es ist ein bißchen wie ein Gefühl von schön. Ich spüre eine tiefe Liebe für sie, und ich freue mich auch, wenn sie dann mal kommt.

HELLINGER *zu Carola* Okay, das war's.

DORA   »Mutti, ich halte dich fest«
Durchfälle

DORA Ich leide seit ein paar Jahren darunter, daß ich, wenn ich esse, nachher für Stunden zur Toilette springe. Das kann schon fünf Minuten später sein und das etwa zehn Mal. Seit einem Jahr ist das sehr schlimm. Ich fühle mich völlig eingeschränkt.

HELLINGER Kannst du das nicht halten oder erbrichst du?

DORA Nein, ich habe Durchfall. Seit bald einem Jahr ist es sehr schlimm. Ich habe mich nicht mehr unter die Leute getraut.

HELLINGER Was ist mit deiner Mutter?

DORA Meine Mutter hat vor vier Jahren eine Brust verloren. Sie hatte Brustkrebs. Jetzt geht es ihr aber wieder ziemlich gut.

HELLINGER Was war in der Kindheit mit der Mutter und dir?

DORA Ich mag mich nur erinnern, daß meine Eltern nicht viel Zeit für uns hatten, weil sie auch nachts arbeiteten. Das ist eigentlich das einzige, woran ich mich erinnere.

HELLINGER Ich mache mit dir eine kleine Übung. Ja?

DORA Ja.

Hellinger setzt sich Dora gegenüber.

HELLINGER Mach die Augen zu – den Mund auf – tief atmen. Schneller atmen.

Hellinger nimmt ihre Hände. Dann neigt er ihren Kopf leicht nach vorne.

nach einer Weile Wie hast du die Mutter angeredet als Kind?

DORA Mutti.

HELLINGER Sag: »Mutti.«

DORA Mutti.

39

HELLINGER »Ich halte dich fest.«
DORA Ich halte dich fest.
HELLINGER »Ganz fest.«
DORA Ganz fest.
HELLINGER Tief atmen. Schneller atmen. Mit der Bewegung gehen. Gib nach, wie die Bewegung will.

Dora legt ihren Kopf in Hellingers Schoß. Dieser legt den Arm um sie.

HELLINGER Sag ihr: »Ich halte dich fest.«
DORA Ich halte dich fest.
HELLINGER Und tu es. Fest. Ja. Ganz fest.

Dora legt ihre Arme um Hellinger und hält ihn fest.

HELLINGER »Mutti, ich halte dich fest.«
DORA Mutti, ich halte dich fest.
HELLINGER »Ganz fest.«
DORA Ganz fest.
HELLINGER »Bitte bleibe.«
DORA Bitte bleibe.
HELLINGER »Ich halt dich fest.«
DORA Ich halte dich fest.
HELLINGER »Und bitte halte mich fest.«
DORA Bitte halte mich fest.

Hellinger richtet sie auf, und beide umarmen sich und halten sich fest.

HELLINGER »Ich halte dich fest, und bitte halte mich fest.«
DORA Ich halte dich fest, und bitte halte mich fest.
HELLINGER »Bitte, Mutti.«
DORA Bitte, Mutti.
HELLINGER »Mutti, ich nehme dich und halte dich fest.«
DORA Mutti, ich nehme dich und halte dich fest.
HELLINGER »Ganz fest.«
DORA Ganz fest.
HELLINGER Tief atmen. So. Ja.

Nach einer Weile löst Hellinger die Umarmung, hält aber noch ihre Hände. Dora sitzt ihm gegenüber und schaut ihn an.

HELLINGER Wie ist das?
DORA Gut.

HELLINGER Ja. Genau. Jetzt wirst du zunehmen. Einverstanden?
DORA Ja.

URSULA »Mutter, mein Herz schlägt für dich«
Herzrhythmusstörungen

URSULA Ich sitze hier, weil ich seit dreizehn Jahren an Herzrhythmusstörungen leide. Manchmal stark, manchmal schwächer, manchmal habe ich Phasen gehabt, wo ich glaubte, ich habe es überwunden. Aber es kommt immer wieder. Ich habe bemerkt, daß immer, wenn ich das Gefühl habe, jetzt ist alles gut, jetzt ist alles in Ordnung, ich davon wieder überfallen werde, vor allem in der Nacht. Also, ich erwache und bin dann völlig in einem Panikzustand. Ich habe die Phantasie, daß das etwas mit meiner Herkunftsfamilie zu tun hat. Ich habe meinen Vater mit zwölfeinhalb Jahren verloren.

HELLINGER An was ist er gestorben?

URSULA Er ist an einem Herzinfarkt gestorben, plötzlich. Nachdem ich Ihr Buch gelesen habe, habe ich mit meiner Mutter darüber gesprochen. Ich habe ihr gesagt: Ich hatte immer das Gefühl, du bist mitgestorben. Ich habe meine Mutter auch jahrelang gesucht, und manchmal habe ich das Gefühl, das mache ich immer noch.

HELLINGER Stelle dir die Mutter vor und sag ihr: »Mein Herz schlägt für dich.«

Ursula legt ihre Hände in den Schoß, sammelt sich und schaut nach vorne.

URSULA *nach einer Weile* Mutter, mein Herz schlägt für dich.

HELLINGER Sag es mit Liebe.

URSULA Mutter, mein Herz schlägt für dich.

HELLINGER Sag es mit Liebe.

Ursula seufzt, greift sich ans Herz, blickt dann nach oben und nickt.

HELLINGER Bleib beim Blick nach vorne, du hast es gerade sehr gut gemacht.

Ursula zögert.

HELLINGER *zur Gruppe* Sie ist jetzt aufgetaucht ins Denken. Vorher war sie gerade genau bei dem richtigen Gefühl.

zu Ursula Sag es ihr wie ein Kind.

URSULA Mutter, mein Herz schlägt für dich.

HELLINGER »Mit Liebe.« Sag das dazu.

URSULA *seufzt* Mutter, mein Herz schlägt für dich mit Liebe.

Sie atmet tief und nickt.

HELLINGER *nach einer Weile* Sieh jetzt den Vater neben ihr, beide zusammen. Und sag: »Mein Herz schlägt für euch mit Liebe.«

URSULA Mein Herz schlägt für euch mit Liebe.

Sie nimmt jetzt die Arme auseinander und läßt sie hängen.

HELLINGER Du mußt nun dem Herzen auch erlauben, daß es das tut. Einverstanden?

URSULA *lacht* Jawohl.

HELLINGER Okay, das war's.

AUS DEM KURS IN NÜRNBERG

GABRIELE »Etwas warte ich noch«
Abschied vom verstorbenen Mann

HELLINGER *zu Gabriele* Um was geht es bei dir?
GABRIELE Mein Mann ist vor zweieinhalb Jahren gestorben.
HELLINGER Wir stellen zwei Personen auf, deinen Mann und dich.

Bild 1

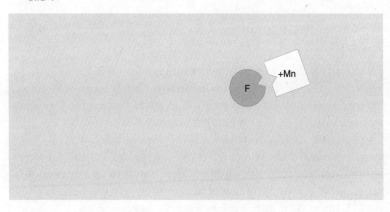

+Mn   Mann
F   **Frau (= Gabriele)**

HELLINGER *zum Mann* Wie ist das für dich?
MANN † Es zieht mich nach hinten. Um mich herum habe ich ein ganz weites Feld, in dem auch sie drin ist.
HELLINGER *zur Stellvertreterin von Gabriele* Bei dir?
FRAU Ich bin ganz aufgeregt und muß ihm immer in die Augen schauen, fast wie hypnotisiert.

Hellinger führt den Mann und dann auch die Frau etwas weiter voneinander weg.

Bild 2

HELLINGER *zum Mann* Wie ist das?
MANN † Das ist besser. Sie wird jetzt für mich zu einer normalen Person. Aber es bleibt etwas im Blick, so etwas Bannendes. Das ist immer noch da. Aber es ist wesentlich angenehmer.
HELLINGER *zur Stellvertreterin von Gabriele* Bei dir?
FRAU Wenn es denn sein muß, so soll es sein. Ich blicke ihn gerne an. Ich bin weniger aufgeregt als eben, aber trotzdem ist mir noch heiß. Schade, daß er von mir weg wollte.
HELLINGER Sage ihm: »Etwas warte ich noch.«
FRAU Etwas warte ich noch.
HELLINGER Wie ist das?
FRAU Es fällt mir schwer. Eigentlich will ich ihn noch nicht so richtig gehen lassen. Es ist noch ein Widerstand da.
HELLINGER Sage ihm: »Ich lasse dich.«
FRAU Ich lasse dich.
HELLINGER »Ein Weilchen.«
FRAU Ein Weilchen.
HELLINGER Wie ist das?
FRAU Besser.

HELLINGER Gehe noch ein paar Schritte zurück, so wie du möchtest.

Bild 3

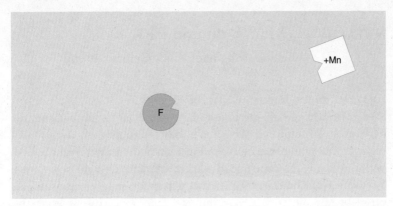

HELLINGER Wie ist es jetzt?
FRAU Es wird besser. Ich glaube, ich könnte jetzt auch langsam weiter zurückgehen.
HELLINGER Geh noch ein bißchen.

Bild 4

HELLINGER Wie ist es jetzt?
FRAU *lacht* Mir liegt ein Satz auf der Zunge.
HELLINGER Ja, sage ihn.
FRAU Mach's mal gut. Ich gehe jetzt hier weg. *Sie lacht.*

HELLINGER *zu Gabriele* Ist es für dich in Ordnung?
GABRIELE Ja. Ich glaube, das ist das Beste. *Sie lacht.*
HELLINGER Okay, das war's.

NATALIE »Mama, du und ich«
Behinderung nach einer Gehirnblutung

HELLINGER *zu Natalie* Was ist bei dir?
NATALIE Meine Behinderung kommt von einer Gehirnblutung, die ich vor elf Jahren hatte. Aber mein akutes Problem ist, daß ich seit sechs Jahren sehr starke Nervenschmerzen in der ganzen rechten Körperhälfte habe, die zunehmend stärker werden. Ich habe schon viele Versuche gemacht, etwas dagegen zu unternehmen, aber mir ist so, als ob nichts ankommt. Ich habe immer wieder eine Hoffnung gehabt, und es hat sich wieder zerschlagen. Ich weiß nicht warum.
HELLINGER Bist du verheiratet?
NATALIE Ich war verheiratet vor 18 Jahren. Die Ehe hat nur drei Jahre gehalten.
HELLINGER Was ist passiert?
NATALIE *seufzt* Es war nichts Dramatisches. Ich kann es nur schwer sagen.
HELLINGER Wer wollte die Trennung?
NATALIE Der Mann hat mich verlassen, zuerst. Es gab später noch eine Phase, wo er wieder zurückwollte in die Beziehung, und dann wollte ich nicht mehr.
HELLINGER Steht diese Gehirnblutung im Zusammenhang mit einem Ereignis?
NATALIE Nicht direkt mit einem Ereignis. Ich hatte davor schon eine lange Geschichte von hohem Blutdruck, zirka 14 Jahre lang.
HELLINGER Was ist jetzt dein Anliegen an mich?
NATALIE Mein Anliegen ist, der Blockierung auf die Spur zu kommen, die mich daran hindert, heilsame Einflüsse aufzunehmen.
HELLINGER Was war in deiner Herkunftsfamilie?
NATALIE Meine Eltern haben sich schon relativ früh in der Ehe nicht gut verstanden. Von meinem zehnten Lebensjahr an hatte mein Vater eine feste Freundin und hat sich, als ich ungefähr 20 war, von meiner Mutter getrennt.

HELLINGER Wem von deinen Eltern bist du böse?

NATALIE Früher habe ich meine Mutter lange Zeit abgelehnt, weil sie so auffällig schwierig war. Mein Vater hat sich eher zurückgezogen, ist verschwunden und war dann nicht angreifbar. Aber es hat sich in den letzten Jahren in mir gemildert. Ich meine auch, daß ich meiner Mutter verziehen habe, was damals so alles war, die Zerrüttung in unserer Familie und der Unfriede.

Hellinger wählt eine Frau als Stellvertreterin der Mutter und bittet sie, sich neben Natalie zu setzen.

HELLINGER *zur Stellvertreterin der Mutter* Du schaust nach vorne. *zu Natalie* Und du schaust sie an.

NATALIE *nach einiger Zeit* Sie scheint so unerreichbar.

HELLINGER *wieder nach einiger Zeit* Wie hast du sie angeredet als Kind?

NATALIE Mama.

HELLINGER Schau wieder rüber, schau sie an und sag: »Mama.«

NATALIE *mit sanfter Stimme* Mama.

HELLINGER *nach einer Weile* Tief atmen, mit offenem Mund. Sag: »Mama.«

NATALIE Mama.

HELLINGER Ja, lauter.

NATALIE Mama.

HELLINGER »Bitte. Mama, bitte.«

NATALIE Mama, bitte.

HELLINGER *nach einiger Zeit* Sag ihr: »Du und ich.«

NATALIE Du und ich.

HELLINGER »Mama, du und ich.«

NATALIE Mama, du und ich.

HELLINGER *nach einer Weile* Was ist?

NATALIE Sie ist immer noch so fremd.

HELLINGER Sag ihr: »Ich stelle mich neben dich.«

NATALIE Ich stelle mich neben dich.

HELLINGER »Liebe Mama.«

NATALIE Liebe Mama.

HELLINGER »Ich stelle mich neben dich.«

NATALIE Ich stelle mich neben dich.

nach einer Weile Ich fühle etwas Annäherung, aber noch nicht so, wie ich sie gerne möchte.

HELLINGER Was ist schwerer, der Schmerz oder die Liebe zur Mutter?

NATALIE Beides.

HELLINGER Was ist schwerer?

NATALIE Mir kam jetzt als erstes der Schmerz, ich bin mir aber nicht sicher.

HELLINGER Die Liebe ist schwerer. Sie tut mehr weh. Was könnte den Schmerz lindern?

NATALIE Liebe.

HELLINGER Zu?

nach einer Weile zur Stellvertreterin der Mutter Leg eine Hand auf ihre Schulter, ganz leicht.

zu Natalie Schau sie an.

nach einer Weile Wie geht es dir jetzt?

NATALIE Besser.

HELLINGER So wird dein Schmerz gelindert. Einverstanden?

NATALIE *kraftvoll* Ja.

HELLINGER Du hast aber noch einen langen Weg dorthin.

NATALIE Jetzt ist es so, daß ich Liebe spüre, die rüberkommt. Aber wie soll ich das umsetzen? Ich weiß nicht, wie ich das umsetzen soll.

HELLINGER Genau. Jetzt hast du einen langen Weg vor dir. Ich will dir etwas verraten über die Liebe. Sie ist das Schwerste. Nicht, daß man sie hat, sondern daß man sie zugibt. Okay?

NATALIE Ja.

TEILNEHMERIN Ich habe noch eine Frage zum Verzeihen. Wie kann ich als Betroffene verzeihen, damit ich frei bin für eine Beziehung und Liebe wahrnehmen kann? Wie kann ich die Last loswerden?

HELLINGER Das Verzeihen hat eine schlimme Wirkung. Stell dir vor, das Kind sagt der Mutter: »Ich verzeihe dir.« Wie fühlt sich dann die Mutter?

TEILNEHMERIN Schlecht.

HELLINGER Genau. Und was wäre die andere Lösung? Das Kind sagt: »Mama, es ist so viel, was du mir gegeben hast.« Merkst du den Unterschied?

TEILNEHMERIN Ja.

DREI GESCHWISTER

»Wir nehmen dich mit allem, was dazugehört«
Unheilbare Erbkrankheit (Chorea Huntington)

HELLINGER *zu drei Geschwistern* Was ist das Problem bei euch?

ERSTES KIND Mein Vater leidet an einer schweren Erbkrankheit, die dominant vererblich ist. Das bedeutet, daß wir es zu fünfzig Prozent auch bekommen.

HELLINGER Was ist die Krankheit?

ERSTES KIND Chorea Huntington. Das ist eine Krankheit, die so zwischen dreißig und vielleicht fünfzig ausbricht.

HELLINGER Hast du Kinder?

ERSTES KIND Ja, zwei.

HELLINGER Besteht bei denen auch die Gefahr, daß sie die Krankheit bekommen?

ERSTES KIND Wenn ich die Krankheit bekomme, dann bekommen sie sie wieder zu fünfzig Prozent. Wenn ich sie nicht bekomme, dann bekommen sie sie auch nicht.

HELLINGER Ich erzähle euch eine Geschichte. In einen Kurs von mir kam eine Frau, die ganz schwarz gekleidet war. Ich habe sie gebeten, mir zwei Geschichten zu erzählen, die sie sehr bewegen, eine aus der frühen Kindheit und eine aus der Gegenwart. Denn wenn man diese Geschichten miteinander vergleicht, kann man herausfinden, was für ihr Leben bedeutsam ist.

Ihre erste Geschichte aus der Zeit vor dem fünften Lebensjahr war das Lied:

Guten Abend, gute Nacht,
mit Rosen bedacht
mit Näglein besteckt, schlüpf unter die Deck'.
Morgen früh, wenn's Gott will,
wirst du wieder geweckt.

Chorea Huntington ist eine unheilbare Erbkrankheit, von der die Hälfte der Nachkommen eines betroffenen Elternteiles befallen wird. Sie beginnt im mittleren Lebensalter und ist durch schnelle Extremitätenbewegung und fortschreitenden physischen und psychischen Abbau charakterisiert.

Guten Abend, gute Nacht,
von Englein bewacht,
die zeigen im Traum
dir Christkindleins Baum.
Schlaf nun selig und süß,
schau im Traum 's Paradies.

Die zweite Geschichte, aus der Gegenwart, war »Die schwarze Spinne« in einer Filmversion: Drogensüchtige brechen in eine Chemiefabrik ein, werfen einige Fässer um, es kommt zu einer riesigen Giftgaswolke, die breitet sich über das Land aus und löscht alles Leben dort aus.

Dann habe ich sie gefragt: Was ist in deiner Herkunftsfamilie? Sie sagte: Ich hatte drei Brüder. Der erste starb nach drei Wochen, der andere nach drei Monaten und der dritte nach drei Jahren. Sie kam aus einer Bluterfamilie, und die erste Geschichte war ein Totenlied für ihre Brüder.

Sie selbst hatte zwei Söhne. Ich habe sie gefragt: Wie steht denn dein Mann zu dir? Sie sagte: Er steht ganz zu mir, auch mit dem, was ich vererbe. Ich fragte sie: Und deine Söhne? Sie sagte: Ja, die stehen ganz zu mir.

Dann habe ich ihr vorgeschlagen, sie soll ihrem Mann und ihren Kindern sagen: Ich nehme es als ein Geschenk von euch, daß ihr so zu mir steht. Das konnte sie nicht sagen. Das war zu groß für sie.

Okay, ich habe euch jetzt mit der Geschichte einiges erzählt.

Hellinger wählt nun einen Stellvertreter für den Vater und stellt die drei Geschwister ihm gegenüber.

Bild 1

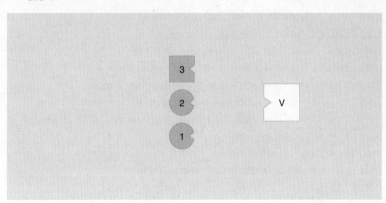

V   Vater
1   **Erstes Kind, Tochter**
2   **Zweites Kind, Tochter**
3   **Drittes Kind, Sohn**

HELLINGER *zum Stellvertreter des Vaters* Schau die Kinder an. Möchtest du ihnen etwas sagen?
VATER Ich habe eine Beklemmung, die ist sehr stark. Ich sehe mich nicht in der Lage, den Kindern etwas zu sagen.
HELLINGER *zum ersten Kind* Sag ihm: »Ich nehme dich als meinen Vater.«
ERSTES KIND Ich nehme dich als meinen Vater.
HELLINGER »Mit allem, was dazugehört.«
ERSTES KIND Mit allem, was dazugehört.
HELLINGER Wie ist das?
ERSTES KIND Gut.
HELLINGER »Ich nehme es von dir zum vollen Preis.«
ERSTES KIND Ich nehme es von dir zum vollen Preis.
HELLINGER »Den es dich kostet und mich.«
ERSTES KIND Den es dich kostet und mich.
HELLINGER Wie ist das für den Vater?

VATER Das ist gut, ja. Ich fühle mich ein bißchen freier, also nicht mehr so beklommen wie eben.
HELLINGER *zum zweiten Kind* Sag ihm das auch. »Ich nehme dich als meinen Vater.«
ZWEITES KIND Ich nehme dich als meinen Vater.
HELLINGER »Mit allem, was dazugehört.«
ZWEITES KIND Mit allem, was dazugehört.
HELLINGER »Und ich nehme es zum vollen Preis.«
ZWEITES KIND Und ich nehme es zum vollen Preis.
HELLINGER »Den es dich gekostet hat und den es mich kostet.«
ZWEITES KIND Den es dich gekostet hat und den es mich kostet.
HELLINGER »Lieber Papa.«
ZWEITES KIND Lieber Papa.
HELLINGER *zum dritten Kind* Sag es auch.
DRITTES KIND Ich nehme dich als meinen Vater.
HELLINGER »Mit allem, was dazugehört.«
DRITTES KIND Mit allem, was dazugehört.
HELLINGER »Und zum vollen Preis.«
DRITTES KIND Und zum vollen Preis.
HELLINGER »Den es dich gekostet hat und den es mich kostet.«
DRITTES KIND Den es dich gekostet hat und den es mich kostet.
HELLINGER »Lieber Papa.«
DRITTES KIND Lieber Papa.
HELLINGER Jetzt geht hin zum Vater, alle drei. Umarmt ihn gemeinsam, alle drei.

Bild 2

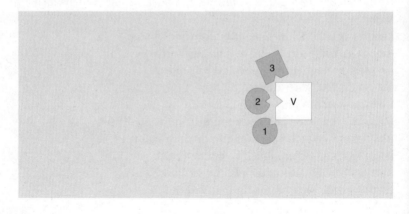

HELLINGER *nach einiger Zeit, als sie sich aus der Umarmung lösen* Wie geht es dem Vater?
VATER Gut, ja. Viel besser als vorher.
ERSTES KIND *nach einer Weile sehr bewegt* Mir ging es eigentlich während der ganzen Aufstellung gut, von Anfang an.
ZWEITES KIND Es hat schon so gestimmt, aber ich wollte weg vom Vater. Es war noch etwas, als müßte ich noch etwas Eigenes für mich tun, gehen oder stehen. Als ob ich das, was die Umarmung war, schon gelebt hätte. So war mir jetzt.
DRITTES KIND Es war schwer, aber es tut gut.
HELLINGER *zu den Geschwistern* Jetzt geht zurück, weit zurück, noch weiter zurück, und stellt euch nebeneinander.

Bild 3

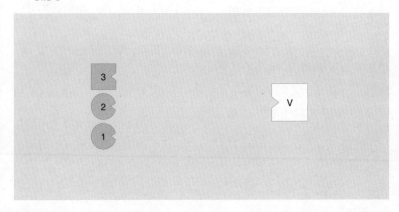

HELLINGER *zum zweiten Kind* Sag ihm: »Papa, ich lasse dich in Frieden.«
ZWEITES KIND Papa, ich lasse dich im Frieden.
HELLINGER »Und ich mache etwas Schönes aus dem, was ich habe.«
ZWEITES KIND Und ich mache etwas Schönes aus dem, was ich habe.
HELLINGER »Von dir und von der Mama.«
ZWEITES KIND Von dir und von der Mama.
HELLINGER Wie ist das?
ZWEITES KIND Das ist gut.
HELLINGER *zum dritten Kind* Sag es ihm auch.
als es zögert Okay, ich warte.

HELLINGER *nach einer Weile* Willst du es ihm auch sagen?
DRITTES KIND Ja.
HELLINGER »Lieber Papa.«
DRITTES KIND Lieber Papa.
HELLINGER »Ich lasse dich in Frieden.«
DRITTES KIND Ich lasse dich in Frieden.
HELLINGER »Und ich mache etwas aus dem, was ich von dir habe.«
DRITTES KIND Und ich mache etwas aus dem, was ich von dir habe.
HELLINGER »Von dir und von der Mama.«
DRITTES KIND Von dir und von der Mama.
HELLINGER Wie ist das?
DRITTES KIND Das ist okay.
HELLINGER *zum zweiten und dritten Kind* Ihr zwei setzt euch jetzt.

Hellinger stellt nun den Mann des ersten Kindes, der anwesend ist, rechts neben sie.

HELLINGER *zum ersten Kind, der Frau* Habt ihr Kinder?
FRAU Ja, zwei Mädchen.

Hellinger wählt zwei Stellvertreterinnen für die Töchter und stellt sie links neben die Frau.

Bild 4

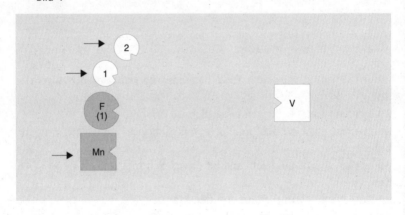

F	Frau (= erstes Kind)
Mn	Mann
1	Erstes Kind, Tochter
2	Zweites Kind, Tochter

54

HELLINGER *zur Frau* Sag: »Lieber Papa.«
FRAU Lieber Papa.
HELLINGER »Das ist mein Mann.«
FRAU Das ist mein Mann.
HELLINGER »Und das sind unsere Kinder.«
FRAU Und das sind unsere Kinder.
HELLINGER »Wir haben es gewagt wie du.«
FRAU Wir haben es gewagt wie du.
HELLINGER »Bitte segne uns.«
FRAU Bitte segne uns.
HELLINGER *zum Vater* Wie ist das?
VATER Das ist gut. Als meine Kinder zurückgingen, hatte ich ein starkes Gefühl, daß sich eine Spannung aufbaut. Dadurch, daß sie das jetzt gesagt hat, ist sie wieder weg. Ich bin sehr ruhig jetzt.
HELLINGER *zum Vater* Jetzt gehe du ein bißchen zurück.

Bild 5

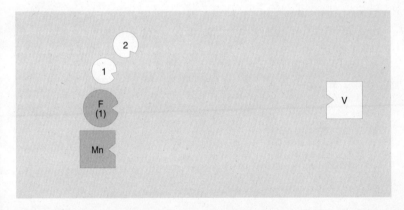

HELLINGER *zum Mann* Sag ihr: »Ich halte dich, solange ich darf.«
MANN *sehr bewegt* Ich halte dich, solange ich darf.
HELLINGER Sag es auch den Kindern: »Ich halte eure Mutter, solange ich darf.«
MANN Ich halte eure Mutter, solange ich darf.
HELLINGER »Und wir halten euch, solange wir dürfen.«
MANN Und wir halten euch, solange wir dürfen.
ERSTES KIND Das tut gut.
ZWEITES KIND Das ist schön.
FRAU Ja.

MANN Es ist gut.
HELLINGER *zur Frau* Okay so?
FRAU *nickt* Ja.
HELLINGER Da lasse ich es.

PAULA Die Auferstehung

Trauer um den Vater

HELLINGER *zu Paula, die um ihren kürzlich verstorbenen Vater trauert* Der große Freud hat beobachtet, daß, wenn jemand stirbt, die Nachkommen, die Überlebenden, von den Toten etwas übernehmen, und zwar oft etwas Negatives. Das ist ein merkwürdiger Vorgang. Weißt du, wie man das löst?

PAULA Ich würde als erstes dazu sagen, indem man das Negative lebt und auch anerkennt.

HELLINGER Man kann auch das Negative mit dem Vater begraben – und das Positive auferstehen lassen. Einverstanden?

PAULA Ja.

AUS DEM KURS IN GRAZ

DOROTHEA Der Tod

HELLINGER *zu Dorothea* Ich will dich nichts fragen. Stelle zwei Personen auf, dich und den Tod. Einverstanden?
DOROTHEA Ja.
HELLINGER Okay, mach mal. Stelle sie in Beziehung zueinander, ganz nach Gefühl, und bleib gesammelt dabei.

Bild 1

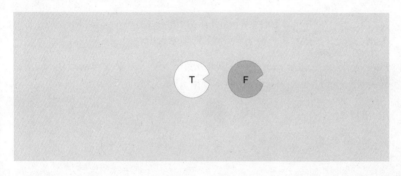

T   Tod
F   Frau (= Dorothea)

HELLINGER *nach einer Weile zu den Stellvertretern* Bleibt ganz gesammelt, und folgt genau der inneren Bewegung!

Beide bleiben lange so stehen. Dann dreht Hellinger die Stellvertreterin von Dorothea um, so daß sie dem Tod ins Auge sehen muß.

Bild 2

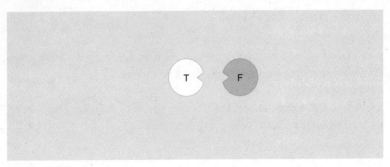

HELLINGER *nach einer Weile zur Stellvertreterin von Dorothea* Gib dem Impuls nach, wie er ist. Genau, wie er ist.

Die Stellvertreterin von Dorothea bleibt unbewegt stehen. Nach einer Weile führt Hellinger sie noch näher zum Tod.

Bild 3

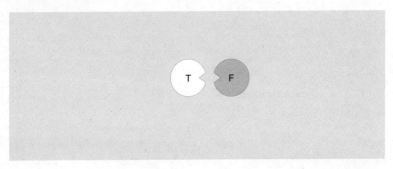

Nach einer Weile geht die Stellvertreterin von Dorothea ganz nahe zum Tod. Hellinger neigt ihr den Kopf nach vorne, so daß sie den Tod mit der Stirne berührt. Der Tod faßt sie zuerst bei den Handgelenken und legt dann langsam die Arme um sie. Dann legt auch die Stellvertreterin von Dorothea ihre Arme um den Tod, und beide umarmen sich fest. So verbleiben sie lange und beginnen eine wiegende Bewegung. Nach einiger Zeit lösen sie sich voneinander, halten sich aber noch bei den Armen.

HELLINGER *zur Stellvertreterin von Dorothea* Wie geht es dir?
FRAU Ich hab von der Umklammerung loslassen können. Zuerst hat
es mich sehr hingezogen, und jetzt hab ich wieder loslassen können.
HELLINGER Laß los, so, wie es dein Impuls ist.

*Die Stellvertreterin von Dorothea und der Tod lassen die Arme sinken,
stehen aber noch nahe zusammen. Dann tritt die Stellvertreterin von
Dorothea einen Schritt zurück.*

HELLINGER *zum Tod* Wie ist es bei dir?
TOD Gut. Ich bin sowieso da.
HELLINGER *zur Gruppe* Er steht felsenfest. Genau. Er steht felsen-
fest.
zur Stellvertreterin von Dorothea Wie ist es jetzt?
FRAU Das ist auch gut.
zu Dorothea Okay so für dich?
DOROTHEA Ja, es ist erlösend.
HELLINGER Gut. Das war's.
zur Gruppe Ich erzähle euch noch eine Geschichte:

Der Kreis

Ein Betroffener bat einen, der mit ihm ein Stück des gleichen Weges
ging:
»Sage mir, was für uns zählt.«

Der andere gab ihm zur Antwort:
»Als erstes zählt, daß wir am Leben sind für eine Zeit,
so daß es einen Anfang hat, vor dem schon vieles war,
und daß es, wenn es endet, zurück ins Viele vor ihm fällt.
Denn wie bei einem Kreis, wenn er sich schließt,
sein Ende und sein Anfang ein und dasselbe werden,
so schließt das Nachher unseres Lebens sich nahtlos seinem Vorher
an,
als wäre zwischen ihnen keine Zeit gewesen:
Zeit haben wir daher nur jetzt.

Als nächstes zählt, daß, was wir in der Zeit bewirken,
sich uns mit ihr entzieht,

als würde es zu einer anderen Zeit gehören
und würden wir, wo wir zu wirken meinen,
nur wie ein Werkzeug aufgehoben,
für etwas über uns hinaus benutzt
und wieder weggelegt.
Entlassen werden wir vollendet.«

Der Betroffene fragte:
»Wenn wir und was wir wirken, jedes zu seiner Zeit besteht und
endet,
was zählt, wenn unsere Zeit sich schließt?«
Der andere sprach:
»Es zählt das Vorher und das Nachher
als ein Gleiches.«

Dann trennten ihre Wege sich
und ihre Zeit,
und beide hielten an
und inne.

GRETE   »Ich nehme dich in mein Herz«
Non-Hodgkin-Lymphom

HELLINGER *zu Grete* Was ist bei dir?
GRETE Ich bin vor einem Jahr an einem hochmalignen Non-Hodg-
kin-Lymphom erkrankt und habe dann bis November letzten Jahres
Chemotherapie gehabt. Deswegen bin ich hier. Mein Mann ist auch
anwesend.
HELLINGER Er soll heraufkommen, damit er mit dabei ist.

Gretes Mann setzt sich neben sie.

HELLINGER *zu Grete* Habt ihr Kinder?
GRETE Wir haben keine Kinder.
HELLINGER Wie lange seid ihr verheiratet?
GRETE Seit drei Jahren.
HELLINGER Hast du Hoffnung?
GRETE Ja.

HELLINGER Nein. Du hast keine Hoffnung.
nach einer Weile Wie wirkt das, wenn ich das sage?
GRETE Es stimmt nicht!
HELLINGER Was soll ich jetzt machen? Wir stellen die Krankheit auf und dich. Wähle jemand für die Krankheit und stell sie auf. Dann stelle du dich selber in Beziehung zu ihr.

Bild 1

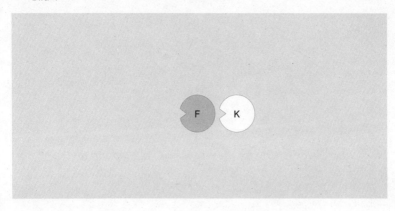

K Krankheit
F **Frau (= Grete)**

Beide bleiben lange unbewegt stehen. Als Grete den Kopf zu Hellinger dreht, sagt er ihr: »Bleib gesammelt und folge der inneren Bewegung, wie sie will.« Nach einer Weile langt Grete mit den Armen nach hinten und faßt die Krankheit bei den Händen. Dann geht die Krankheit etwas zurück, doch Grete hält sie mit ihrer linken Hand fest. Als sie auch diese Hand losläßt, legt die Krankheit ihr von hinten die Hände gegen den Rücken.

61

Daraufhin geht Grete erst zwei Schritte und dann noch drei Schritte vorwärts, dreht sich der Krankheit zu und schaut sie an.

Bild 2

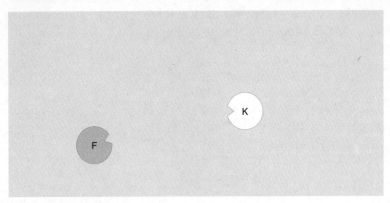

Nach einer Weile dreht sich die Krankheit langsam um und geht ganz langsam weg.

Bild 3

Nachdem die Krankheit sich so weit entfernt hat, setzt sich Grete an ihren Platz.

HELLINGER *nach einer Weile zu Grete* Steh noch einmal auf! Wenn die Krankheit eine Person ist, die du kennst: Wer ist sie?
GRETE Meine Mutter.
HELLINGER Deine Mutter? Was war mit ihr?

GRETE Sie hatte vor mir zwei Fehlgeburten, eine im sechsten Monat und ein lebend Geborenes, das aber nach der Geburt gestorben ist. Ich habe mich aber bis vor Ihrem Krebsvideo als Erstgeborene gefühlt, und mir ist durch das Video erstmals bewußt geworden, daß ich nicht die Erstgeborene bin.

HELLINGER Du hast von anderen geredet statt von deiner Mutter. Sammle dich und schau, was passiert!

Grete bleibt lange unbewegt stehen. Dann führt Hellinger sie näher zur Mutter. Sie geht zu ihr, legt ihr von hinten die Hand auf die Schulter. Die Mutter dreht sich ihr zu, und beide umarmen sich innig. Sie wiegen sich leicht in der Umarmung. Nach einiger Zeit lösen sie sich aus der Umarmung und schauen sich an. Dann tritt die Mutter zwei Schritte zurück.

Bild 4

M   Mutter

HELLINGER *zu Grete* Okay. Das war's.

Grete setzt sich wieder neben Hellinger. Ihr Mann, der neben ihr sitzt, legt den Arm um sie, Hellinger hält ihre Hand.

HELLINGER *nach einer Weile zu Grete* Mach die Augen zu und sag: »Ich nehme dich in mein Herz.«

GRETE Ich nehme dich in mein Herz.

HELLINGER *nach einer Weile* Ist es gut so?
GRETE Es ist wohlig.
HELLINGER Ich will dir etwas sagen über Krankheiten: Sie sind manchmal Sendboten der Liebe. Wenn du es ihnen erlaubst zu kommen, sind sie vielleicht freundlich. Einverstanden?
GRETE Ja.
HELLINGER Gut. Das war's dann.

SONJA Die Verschiebung
Unfälle als Sühne

SONJA Ich bin da, weil ich vier Unfälle hatte in meinem Leben, die eine sehr einschneidende Wirkung gehabt haben.
HELLINGER Was ist passiert?
SONJA Als ich ein halbes Jahr alt war, bin ich zusammen mit meiner Großmutter über eine Stiege gestürzt – es geht immer um Stiegen – davon habe ich eine Zyste im Kopf. Die beeinträchtigt mich aber nicht. Mit sieben Jahren bin ich das erste Mal selbständig hinuntergestürzt. Damals war ich eine Stunde lang gelähmt, vollkommen gelähmt, und konnte auch kein Wort sprechen. Nach einer Stunde war alles vorbei.
Den nächsten Unfall hatte ich mit 27. *Sie stockt, kann kaum sprechen und weint.* Ich habe eine Enzephalitis gehabt und bin trotzdem arbeiten gegangen. Dann bin ich beim Arbeiten wieder über eine Stiege gestürzt. Aufgewacht bin ich im Krankenhaus, und da habe ich schwere epileptische Anfälle gehabt. Im Krankenhaus haben sie gesagt, ich habe keine Epilepsie, ich werde nie mehr so etwas haben in meinem Leben, das sei alles ein Blödsinn, das wäre keine Epilepsie. Sie haben mich nach einem Monat als vollkommen geheilt entlassen. Zwei Monate später hat es aber wieder angefangen. Da hat mich ein Mann seinem Vater vorgestellt mit den Worten: Das ist die Frau, die ich liebe und die ich heiraten werde. In dieser Nacht haben die Anfälle wieder angefangen. Ich war kurz darauf schwanger. Ich war dreimal schwanger, und ich habe dreimal abgebrochen. Ich habe die Anfälle immer nur in der Nacht. Das ist so jahrelang immer weitergegangen. Vor elf Jahren ist mein Vater gestorben, und danach konnte ich nicht mehr aus dem Haus gehen.

Alles wurde sehr dramatisch und stockend vorgetragen.

HELLINGER Schau mal her.

SONJA Ja.

HELLINGER Da ist was falsch.

SONJA Ich weiß nur, daß etwas falsch ist. Aber ich weiß nicht, was falsch ist.

HELLINGER Etwas ist falsch.

SONJA Was ist falsch?

HELLINGER Das weiß ich nicht. Aber jemand, der sich so verhält wie du gerade, der verdrängt eine Schuld. Der steht nicht zu einer Schuld.

SONJA Ich bin schuldig.

HELLINGER Jemand, der sich so verhält wie du, der verdrängt in der Regel eine Schuld, zu der er nicht steht. Na, was ist jetzt?

SONJA Ich weiß nicht, was ich sagen soll. Ich weiß es nicht. Da ist irgendwas völlig Gelogenes. Aber ich weiß nicht, was es ist.

HELLINGER Genau. Irgend etwas ist völlig gelogen. Genau, das ist es.

SONJA Ja, aber ich weiß nicht was. Ich weiß nicht, ob die Lüge von mir kommt oder ob ich eine Lüge glaube, die mir jemand anderer erzählt hatte. Ich weiß es nicht.

HELLINGER Mein Bild ist, sie kommt von dir.

SONJA Sie kommt von mir?

HELLINGER Ja.

SONJA Dann ist die Epilepsie die Lüge?

HELLINGER Manchmal ist die Krankheit leichter als die Wahrheit.

SONJA Daran hab ich schon gedacht, daß ich diese Anfälle produzierte, um dann völlig ohne Bewußtsein zu sein. Dann kann ich ja nichts mehr wahrnehmen, wenn das so ist.

HELLINGER Diese Art von Deutung führt weg. Wo ist die Schuld? Was hast du wem angetan, zum Beispiel?

SONJA Ich hab meine Mutter verachtet. Ich wollte, glaub' ich, ihr immer den Vater wegnehmen. Meinen Vater wollte ich eigentlich für mich allein haben.

HELLINGER Nein, das reicht nicht für so etwas.

SONJA Ich bin als Kind ein paar Mal mit einem Messer hinter der Tür gestanden und habe immer gesagt: Lieber Gott, mach, daß die Mutti stirbt.

HELLINGER Das ist es jetzt! Jetzt kommt es heraus. Wir stellen jetzt die Mutter auf und dich.

Sonja wählt eine Stellvertreterin für ihre Mutter und stellt sich ihr in einiger Entfernung gegenüber. Dann geht sie ein paar Schritte zurück.

Bild 1

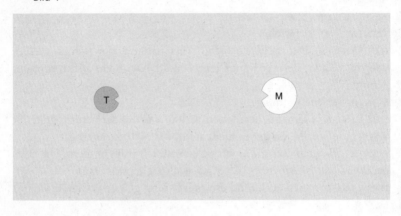

M   Mutter
T   Tochter (= Sonja)

HELLINGER *zu Sonja* Bleib ganz ruhig. Den Mund leicht öffnen, normal atmen. Schau sie ruhig an.

Nach einer Weile geht Sonja noch einen Schritt zurück.

HELLINGER Wie geht es der Mutter?
MUTTER Ich beginne, innerlich wegzugleiten. Zu Beginn habe ich meine Tochter sehr gemocht. Ich war ihr eigentlich zugewandt. Ich habe nicht verstanden, was sie hat.

Nach einiger Zeit wählt Hellinger einen Stellvertreter für den Vater und stellt ihn rechts neben die Mutter.

Bild 2

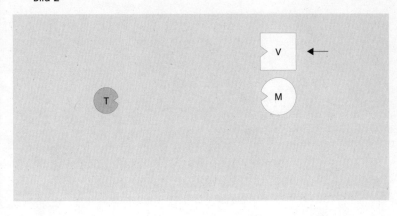

V   Vater

Sobald der Mann neben ihr steht, wird die Mutter unruhig und rückt von ihm weg.

MUTTER Das geht nicht.
HELLINGER *zum Vater* Was ist bei dir?
VATER Ich spüre nichts Besonderes.
MUTTER Ich hab das Gefühl, jetzt kann i c h beten: Lieber Gott, mach, daß er verschwindet!
HELLINGER Aha!

Hellinger dreht nun den Mann und die Mutter so, daß sie sich anschauen müssen. Die Frau geht rückwärts von ihm weg.

Bild 3

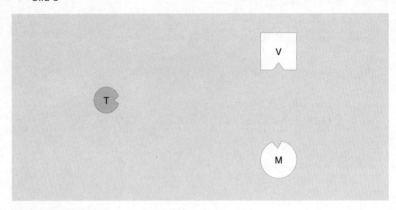

HELLINGER *zu Sonja* Dreh dich um.

Bild 4

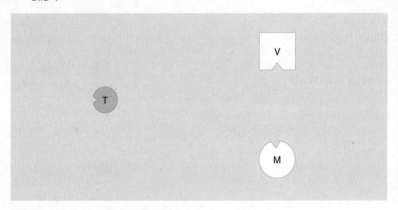

HELLINGER *zur Mutter* Was ist?
MUTTER Ich habe Schweißausbrüche, und ich zittere. Ich habe unglaubliche Angst.
HELLINGER *zum Vater* Bei dir?
VATER Bei mir ist immer noch nichts Besonderes. Ich weiß nicht, was sie hat.

HELLINGER *zur Gruppe* Also, von den Reaktionen her, wäre hier eine doppelte Verschiebung zu vermuten. Die Mutter hat das Gefühl einer anderen Person, das sich auf eine andere Person richtet. Sie übernimmt dieses Gefühl und richtet es auf den Mann. Und der ist machtlos. Da ist eine Verstrickung drin.
zur Mutter Macht das Sinn?
MUTTER Ja.
HELLINGER *zu Sonja* Wie geht es dir jetzt?
SONJA Mit dem Rücken zu ihnen empfinde ich Ruhe.
HELLINGER Okay. Jetzt dreh dich nochmal um.

Bild 5

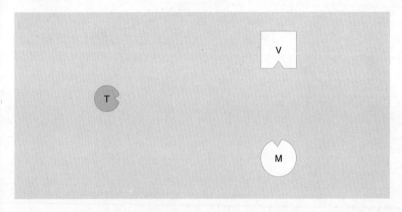

HELLINGER Sag der Mutter: »Ich lasse es bei euch.«
SONJA Ich lasse es bei euch.
HELLINGER »Ich bin nur die Kleine.«
SONJA Ich bin nur die Kleine.
HELLINGER Sag es dem Vater auch.
SONJA Ich lasse es bei euch. Ich bin nur die Kleine.

HELLINGER Dreh dich wieder um.

Bild 6

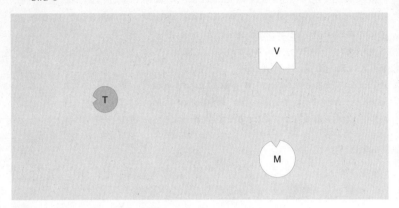

HELLINGER Wie ist es jetzt?
SONJA Jetzt möchte ich weghüpfen, so lustig.
HELLINGER Genau.

Sie lacht.

HELLINGER Das machst du jetzt. Okay, das war's.

MARION »Mir schmeckt's bei dir«
Eßanfälle mit Erbrechen

HELLINGER *zu Marion* Was ist bei dir?
MARION Ich bin nicht so krank. Ich habe Bulimie *(Eßanfälle mit Erbrechen)* und Panikattacken. Bulimie schon seit sieben Jahren und Angstzustände permanent.
HELLINGER Warst du auch mal magersüchtig?
MARION Eigentlich nicht.
HELLINGER Bist du verheiratet?
MARION Ja. Mein Mann ist auch da.
HELLINGER Er kann sich ruhig neben dich setzen. Man hat ein runderes Bild von einer Person, wenn der Partner mit danebensitzt. Habt ihr Kinder?
MARION Nein.

HELLINGER Was ist passiert in deiner Herkunftsfamilie?
MARION Ich bin ein uneheliches Kind. Mein Vater ist nach meiner Geburt weggegangen. Ich kenne ihn nicht. Meine Mutter hat wieder geheiratet, als ich sechs Jahre alt war. Ich wuchs in dem Glauben auf, daß dieser Mann mein richtiger Vater ist. Das erfuhr ich erst mit 17 Jahren. Bis zu der Heirat meiner Mutter mit meinem Stiefvater bin ich bei meinen Großeltern aufgewachsen. Mein Großvater war eine sehr wichtige Person für mich. Er ist gestorben, als ich 17 war. Ich habe noch einen Bruder. Er ist der Sohn meiner Mutter und meines Stiefvaters.
HELLINGER Wir stellen nur eine Person auf. Wen stellen wir auf?
MARION Meinen Vater?
HELLINGER Klar. Wähl jemanden aus für deinen Vater.
als sie ihn ausgewählt und aufgestellt hat Jetzt stell dich in Beziehung zu ihm.

Bild 1

V   Vater
1   **Erstes Kind (= Marion)**

HELLINGER *nach einiger Zeit zum Stellvertreter des Vaters* Gib deinem Impuls ruhig nach, auch durch den Blick, und bleib gesammelt. Gib deinem Impuls nach, wie du es spürst.

Der Stellvertreter des Vaters geht erst einen Schritt seitlich näher zur Tochter, nach einigem Zögern einen zweiten Schritt und noch einen dritten. Dann bleibt er stehen. Er wagt es nicht, sich zur Tochter zu drehen und sie anzuschauen.

HELLINGER *zu Marion* Sag ihm: »Bitte, Papa.«
MARION Bitte, Papa.
HELLINGER »Bitte.«
MARION *sehr bewegt* Bitte.

Der Vater geht seitlich etwas näher zu ihr. Dann wendet er sich ihr zu und legt den linken Arm um sie. Marion weint und schaut erst zu Boden. Dann hebt sie ihren Blick zu ihm.

HELLINGER *zu Marion* Schau ihn an.

Sie dreht sich etwas, der Vater läßt den Arm sinken, Marion geht einen Schritt zurück, und beide stehen sich gegenüber.

Bild 2

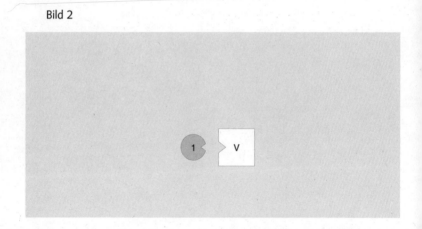

HELLINGER *zu Marion* Sag ihm: »Bitte, Papa.«
MARION *schluchzend* Bitte, Papa, komm doch her zu mir.

Der Vater tritt einen Schritt näher. Marion schlingt die Arme um seinen Hals und umarmt ihn innig.

HELLINGER *nach einiger Zeit zu Marion* Tief atmen.
MARION *weinend* Er ist nicht bei mir, das merke ich. Er nimmt mich nicht.

Sie löst sich aus der Umarmung. Der Vater tritt einen Schritt zurück.

HELLINGER *zum Vater* Du mußt ihr etwas sagen.

VATER Jetzt bin ich bei dir.
HELLINGER *zur Gruppe* Hier sieht man den Schmerz der Hinbewegung, wenn sie unterbrochen ist. Der Vater muß ihr entgegenkommen. Es gibt keinen anderen Weg. Sie kann das nicht.
zum Vater Sag ihr: »Es tut mir leid, und jetzt nehme ich dich als meine Tochter.«
VATER Es tut mir leid, aber jetzt nehme ich dich als meine Tochter.
HELLINGER Du mußt sie nehmen. Alles andere hilft nichts. Der Vater muß ihr entgegenkommen.

Der Vater kommt ihr jetzt entgegen, und beide umarmen sich innig. Während sie sich umarmen, wählt Hellinger eine Stellvertreterin für die Mutter und stellt sie Marion in den Blick.

Bild 3

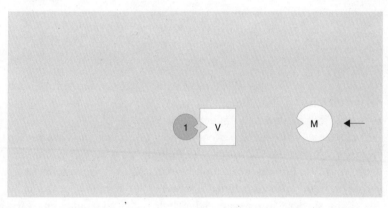

M   Mutter

HELLINGER *zu Marion* Sag: »Mama, ich nehme ihn jetzt als meinen Vater.« Halte ihn ruhig fest dabei. Schau sie an und sag: »Mama, ich nehme ihn jetzt als meinen Vater.«
MARION *sehr bewegt* Mama, das ist mein Vater. Den nehm ich jetzt.

Sie weint und lacht zugleich und bleibt in der Umarmung. Auch die Mutter lacht.

HELLINGER Sag es noch mal laut!
MARION Ich bin auch stolz auf den.

Nach einiger Zeit führt Hellinger die Mutter neben den Vater. Sie legt den Arm um ihn. Dann umarmen sich alle drei.

Bild 4

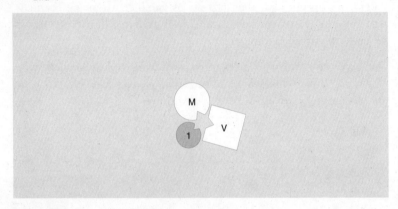

HELLINGER *nach einer Weile zu Marion* Jetzt sag der Mutter: »Ich nehme dich und nehme ihn.«
MARION Ich nehme dich und ich nehme ihn.
HELLINGER *während sich die drei noch umarmen zur Gruppe* Ich erkläre euch jetzt das Geheimnis der Bulimie. Es wird hier wunderbar dargestellt. Die Bulimische darf nur von der Mutter nehmen. Es ist ihr verboten, vom Vater zu nehmen. Deswegen ißt sie und spuckt wieder aus. Wenn sie der Mutter sagt: »Ich nehme dich und nehme ihn« kann sie das Essen behalten.
HELLINGER *zu Marion* Sag es ihr noch mal: »Ich nehme dich und nehme ihn.«
MARION Ich nehme dich und nehme ihn.
HELLINGER »Ich behalte dich und ich behalte ihn.«
als sie zögert Sag's mal. Nur zur Probe.
MARION Ich behalte dich und ich behalte ihn.
HELLINGER »Mir schmeckt's bei dir und mir schmeckt's bei ihm.«
MARION *lacht* Mir schmeckt's bei dir und mir schmeckt's bei ihm.
HELLINGER Das war's. Das ist die Heilung von der Bulimie. Es ist immer das gleiche.

Alle lachen.

HELLINGER *zu Marion, als sie wieder neben ihm sitzt* Wenn du jetzt einen Eßanfall hast, mußt du alles, was du essen möchtest, auf dem Tisch ausbreiten. Dann machst du mit deinem Mann ein Spiel. Er nimmt einen Teelöffel, und du sagst, was du zuerst essen willst. Er tut das auf den Teelöffel und füttert dich. Dabei sagst du jedesmal: »Papa, bei dir schmeckt's mir richtig.« Dann ißt du soviel, wie du möchtest. Nimm dir soviel, wie du möchtest. Das wäre eine schöne Übung, die das Paar auch verbindet.

Marion und ihr Mann schauen sich an und lachen.

HELLINGER Okay, das war's dann.

TEILNEHMER Sie haben gefragt, ob sie magersüchtig war. Wie wäre die Lösung für Anorexie?
HELLINGER Die Bulimie folgt häufig der Magersucht. Es gibt die Bulimie alleine, so wie bei ihr, und es gibt sie als Fortsetzung der Magersucht. Dann hat die Bulimie eine andere Bedeutung. Hier heißt nämlich essen: »Ich lebe« und spucken heißt: »Ich verschwinde.« Dann wäre die Lösung, daß die auf solche Weise bulimische Patientin beim Essen sagt: »Ich bleibe.«

ERIKA Das Bild
Tödlicher Unfall von Mann und Kind

HELLINGER *zu Erika* Um was geht es?
ERIKA Vor zwei Jahren sind mein Mann und mein Kind bei einem Unfall gestorben. Ich bin da, um damit leben zu lernen.
HELLINGER Wie viele Kinder hast du?
ERIKA Dieses eine Kind. Vorher hatte ich einen Schwangerschaftsabbruch.
HELLINGER Also, der Mann und das Kind kamen bei dem Unfall um. Was ist passiert?
ERIKA Es war ein Autounfall mit einem Zug. Mein Mann hat eine Lokomotive übersehen, die auf einer Nebenbahn gekommen ist, wo normalerweise kein Zug fährt. Es war gleich 300 Meter, von wo wir gewohnt haben.

HELLINGER Wir stellen das auf, deinen Mann, das Kind und dich.

Bild 1

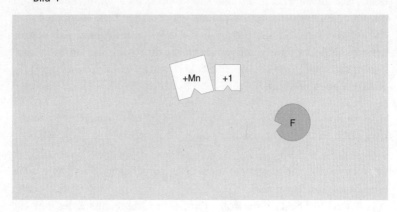

+Mn   Mann, tödlich verunglückt
F   **Frau (= Erika)**
+1   Einziges Kind, Sohn, mit dem Mann tödlich verunglückt

HELLINGER *zur Stellvertreterin der Frau* Wie geht es dir?
FRAU Mir ist kalt. Ich spüre einen Sog von vorne. Ich fühle mich da hinübergezogen.
HELLINGER Wie geht es dem Mann?
MANN † Zu meinem Sohn spüre ich Wärme. Ich spüre einen Sog nach vorne, obwohl ich bei den Füßen von etwas gehalten werde. Ich fühle mich schwer.
HELLINGER Beim Sohn?
EINZIGES KIND † Mir zittern die Beine. Auf der rechten Seite ist es mir sehr warm, aber irgendwie ist es mir zu nahe. Der linke Fuß ist schwach, und der rechte fühlt sich an, als ob er sich wegstoßen will.
HELLINGER *zur Stellvertreterin der Frau* Gib mal deinem Impuls nach.

Sie geht einige Schritte nach vorne und dreht sich dann um.

Bild 2

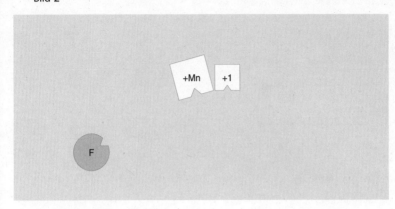

HELLINGER Wie geht es dir jetzt?
FRAU Leichter. Ich atme besser.
HELLINGER Beim Mann?
MANN † Es hat sich nicht so viel verändert. Es ist vielleicht kein Sog mehr da, nach vorne, aber es hat sich nicht so viel verändert.
HELLINGER *zum Sohn* Bei dir?
EINZIGES KIND † Es ist leichter geworden. Ich habe den Impuls, mich zu drehen.
HELLINGER Tu, wie du es möchtest.

Er geht einige Schritte vom Vater weg und dreht sich der Mutter zu.

Bild 3

HELLINGER So?
EINZIGES KIND † Ja, so paßt es.
HELLINGER Für den Mann?
MANN † Ich habe das Gefühl, ich müßte nachgehen.
HELLINGER Tu!

Er stellt sich neben den Sohn.

Bild 4

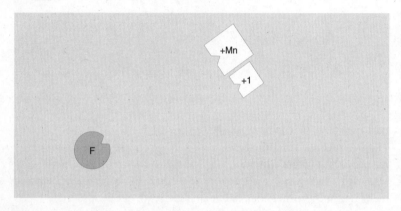

HELLINGER *zum Sohn* Wie ist es jetzt?
EINZIGES KIND † Er ist mir zu nahe. Die Richtung zur Mutter paßt. Aber der Vater ist mir zu nahe, und irgendwie habe ich zu ihm auch keine Verbindung.

Hellinger führt den Mann in die Richtung, in die er den Sog verspürt hat.

Bild 5

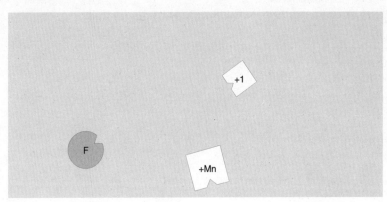

HELLINGER *zum Mann* Wie ist das?
MANN † Gut. Ich fühle mich befreit. Die Schwere in den Füßen ist weg, und ich kann normal stehen.
HELLINGER *zum Sohn* Bei dir?
EINZIGES KIND † Ich fühle mich wesentlich lockerer und in die Nähe zur Mutter gezogen.

Hellinger führt ihn zur Mutter und stellt ihn nah an ihre linke Seite.

Bild 6

HELLINGER *zur Mutter* Ja, leg den Arm um ihn.

HELLINGER *zum Sohn* Wie ist das?
EINZIGES KIND † Angenehm.
HELLINGER Für die Mutter?
FRAU Es stimmt so.
HELLINGER *zu Erika* Da laß ich's. Hast du das Bild?
ERIKA Ja.

AUS DEM KURS IN KASSEL

MARTINA Der Eifer

HELLINGER *zu Martina* Um was geht es?
MARTINA Ich war vor drei Jahren hier, in dieser Klinik, als Krebspa-
tient, und habe jede Gelegenheit benutzt, die Vorträge von Herrn Kurz
anzuhören. Über die Vorträge bin ich zu dem Entschluß gekommen,
daß meine Krebserkrankung mit der Seele zusammenhängt, mit mei-
nem Leben.
HELLINGER Was für ein Anliegen hast du an mich?
MARTINA Das Anliegen würde ich so sehen, aus meiner Unkenntnis
heraus, daß es mit meinen Eltern zusammenhängt, mit meiner Mutter,
die mich abgelehnt hat. *Sie weint.* Ich denke, daß ...
HELLINGER Nein, nein, laß das mal! Schau mir in die Augen.
Kannst du meine Augen sehen? Was habe ich für eine Augenfarbe?
MARTINA *lacht* Grau.
HELLINGER Grau?
MARTINA *lacht laut* Ja.
HELLINGER *zur Gruppe* Ich habe euch gerade einen kleinen Trick
vorgeführt, wie man jemanden aus so einem Gefühl herausholt. Wenn
jemand sich zurückzieht und die Augen zumacht und in ein Gefühl
geht, so wie sie vorhin, dann ist dieses Gefühl nichts wert. Da ist keine
Kraft drin. Die Gefühle, die zählen, sind die mit Kraft.
zu Martina Ich frage mich, ob du überhaupt etwas brauchst. Du bist
ja gesund.
MARTINA Jetzt ja, aber ich weiß nicht, ob da nicht noch etwas ist,
was mich noch kriegen könnte.
HELLINGER Am meisten schädigt dich der Eifer. *Lachen im Publikum.*
zur Gruppe Ja, der Eifer schädigt sie.
zu Martina Das ist ichhaft: Ich will. Die Seele ist anders.
nach einer kleinen Besinnungspause Einen Tip gebe ich dir. Das ist die
ganze Therapie. Sag: »Liebe Mama.«

Martina schüttelt den Kopf.

HELLINGER Genau. Es dauert ein Jahr, bis du es kannst, doch das ist die beste Übung. Okay?

MARTINA Ja.

HELLINGER *zur Gruppe* Ich will noch etwas sagen über Krebs. Krebs bei Frauen hängt sehr häufig damit zusammen, daß sie sich weigern, ihre Mutter zu nehmen und zu achten. Viele Krebspatientinnen sterben lieber, als daß sie sich vor ihrer Mutter verneigen. Der Vorwurf, sie hat mich abgelehnt oder wie immer, ist ein Mittel, um die Verweigerung zu rechtfertigen. Das hat mit der wirklichen Mutter nichts zu tun. Ich lasse mich davon nicht beeindrucken. *zu Martina* Okay?

Martina nickt.

LUCIA Die Stellvertretung

Angst- und Panikattacken, Depressionen und Krebs, ihre Tochter hat mehrere Selbstmordversuche unternommen

HELLINGER *zu Lucia* Was ist bei dir?

LUCIA Ich habe Angst- und Panikzustände, Depressionen und Krebs. Meine Tochter hat schon ein paar Selbstmordversuche hinter sich. Der erste Mann meiner Mutter mußte sich selbst erschießen, weil er Nazi war.

HELLINGER Wer hat ihn dazu gezwungen?

LUCIA Die Politik. Es war sein Freitod. Er sollte erschossen werden, aber er konnte sich auch selbst erschießen, wenn er wollte.

HELLINGER Was hat er verbrochen?

LUCIA Das weiß ich nicht.

HELLINGER Was war mit der Mutter?

LUCIA Sie war mit dem Mann verheiratet und hatte einen Sohn. Der kam dann zu uns, also zu meinem Vater mit in die Ehe. Er wurde nicht sehr geachtet. Er wurde auf die Seite geschoben. Die Mutter läßt sich vom Vater sehr demütigen und schlagen.

HELLINGER Wir stellen zwei Personen auf, den ersten Mann deiner Mutter und deine Mutter. Stell sie auf, ganz nach deinem Gefühl.

Bild 1

M   Mutter
+1MnM   Erster Mann der Mutter, mußte sich erschießen

HELLINGER *als er sieht, daß Lucia nicht richtig aufgestellt hat* Ich stell sie dir auf.

Bild 2

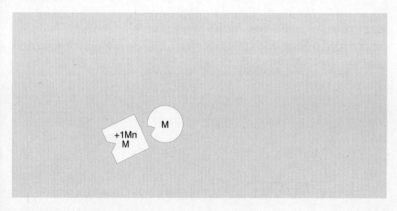

HELLINGER *zur Stellvertreterin der Mutter* Wie ist das?
MUTTER Der Rücken vor mir, das ist komisch.

HELLINGER Wie ist das Gefühl?
MUTTER Ich sehe das Gesicht nicht. Ich sehe den Menschen nicht.
HELLINGER *zum ersten Mann* Wie geht es dir?
ERSTER MANN DER MUTTER † Vorhin war es bedrohlich. Jetzt habe ich aufgeatmet, und es ist mir irgendwie gleichgültig.

Hellinger wählt eine Stellvertreterin für Lucia und stellt sie hinter die Mutter.

Bild 3

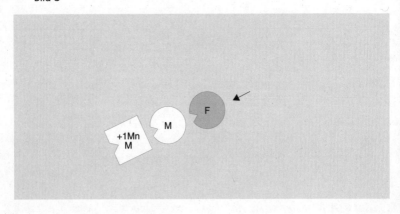

F   Frau (= Lucia)

HELLINGER *zur Stellvertreterin von Lucia* Wie ist das?
FRAU Pah! Mauer, Mauer. *Sie seufzt.* Ich kann nicht nach vorne gehen.

HELLINGER Ich nehme nun die Mutter heraus.

Bild 4

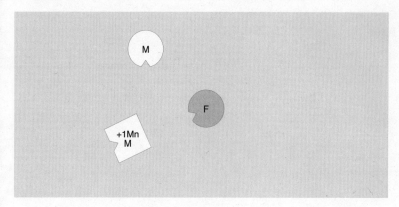

HELLINGER *zur Stellvertreterin von Lucia* Wie ist das?
FRAU Schon mehr Luft und Freiraum.

Hellinger führt sie nun nahe hinter den ersten Mann der Mutter.

Bild 5

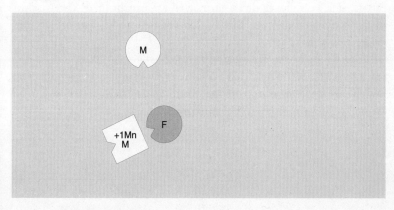

HELLINGER *zur Stellvertreterin von Lucia* Wie ist das?
FRAU Das ist mir zu nahe.

Hellinger führt sie wieder einen Schritt zurück.

Bild 6

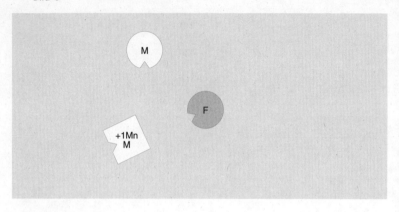

FRAU Das ist schon besser.
zur Mutter Wie geht es dir, seitdem deine Tochter da steht, besser oder schlechter?
MUTTER Mir geht es besser. Ich sehe meine Tochter.
HELLINGER *zu Lucia* Verstehst du das Bild?
LUCIA Ich verstehe es nicht ganz, weil er ja nicht mein Vater ist. Er ist der Vater von meinem Bruder. Ich verstehe nicht, warum ich ihm nachgehen will.
HELLINGER Damit die Mutter bleibt.
LUCIA *nach einer Weile* Ich verstehe es nicht ganz, daß ich das Gefühl habe, daß ich durch meine Krankheit verschwinden will und meine Tochter durch ihren Selbstmord.

Hellinger wählt eine Stellvertreterin für die Tochter von Lucia und stellt sie hinter den ersten Mann ihrer Großmutter. Die Stellvertreterin von Lucia stellt er neben ihre Mutter.

Bild 7

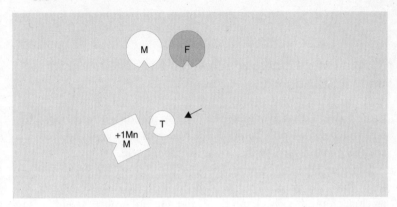

T   Tochter von Lucia, hat mehrere Selbstmordversuche unternommen

HELLINGER *zur Stellvertreterin von Lucia* Geht es dir besser oder schlechter?
FRAU Viel besser.
HELLINGER Genau.
zu Lucia Das ist die Situation.
zur Gruppe Die Mutter ist sicherlich auch schuldig, nicht nur der Mann. Sie fühlt sich des Todes schuldig oder will ihm nachfolgen in den Tod. Dann sagt ihre Tochter: »Ich mache es.« Die Mutter geht raus und fühlt sich besser. Jetzt sieht ihre Tochter, daß die Mutter das machen will, und sagt: »Ich mache es.« Das ist die Dynamik.
zu Lucia Da laß ich's.
zu den Stellvertretern Okay, das war's.

HELLINGER *nach einer Weile zur Gruppe* Das war natürlich gewagt, was ich hier gemacht habe.
zu Lucia Wie geht es dir?
LUCIA Es erschrickt mich, daß meine Tochter mir vielleicht was abnehmen möchte. Wie kann ich das lösen?

HELLINGER Ich warte noch. Ich laß das erst einmal wirken. Dann kannst du zurückkommen. Das muß jetzt in deiner Seele wirken. Und erkundige dich mal, inwieweit die Mutter darin verwickelt war.

LUCIA Meine Tochter hat auch Mißbrauch erlebt von seiten ihres Vaters.

HELLINGER Das ist ein anderes Thema, das lenkt hier ab. Okay, gut.

Was in einer Familie zu schweren Krankheiten führt und zu Selbstmord

Es gibt zwei Grunddynamiken in der Familie, die zu Selbstmord führen, zu lebensbedrohlicher Krankheit oder zu schweren Unfällen; also so, daß jemand verschwinden und weggehen will.

Die erste Dynamik heißt: »Ich folge dir nach in den Tod.« Das war mein Bild, als sie erzählt hat, daß der erste Mann der Mutter sich erschießen mußte. Das kann die Frau nicht unberührt lassen. Sie sagt wahrscheinlich: »Ich folge dir nach in den Tod.« Um so mehr, wenn sie auch mitschuldig ist. Dann wäre das die Bewegung der Seele. Wenn so etwas vorliegt, darf man es nicht aufhalten, denn es wäre gemäß. Wenn es Mitschuld an Verbrechen gab, wäre es wahrscheinlich gemäß, daß die Mutter stirbt oder sich umbringt. Sonst nicht. Wenn es nur Nachfolge ist – die Mutter hat ihren Mann ja geliebt –, dann wäre es nicht gemäß.

Wenn nun ein Kind wahrnimmt, daß seine Mutter gehen will, tritt es an ihre Stelle. Die Mutter war ja in der Aufstellung ohne Gefühl. Sie hat sich der Situation nicht gestellt, zum Beispiel einer Schuld. Sie hat das auf den Mann abgeschoben. Dann kommt ein Kind und sagt: »Ich trete an deine Stelle.« Dieses Kind hat wiederum eine Tochter, und die sagt auch: »Ich mache es an deiner Stelle.« Das ist die andere Dynamik, die zu Selbstmord führt oder zu schwerer Krankheit. Sie heißt: »Lieber ich als du«; »Lieber sterbe ich als du«; »Lieber verschwinde ich als du.«

Die Vorstellung dahinter ist, daß das Kind meint, es könne damit jemanden retten. Aber, wie diese Sequenz zeigt, es verschiebt sich nur von Generation zu Generation. Es wird nichts gelöst. Es wird niemand gerettet. Es wird nur verschoben. Immer auf die Schwächeren, immer auf die nächste Generation wird es verschoben, weil einige nicht dazu stehen, was ihr Schicksal ist oder ihre Schuld.

Das Kind hat dabei auch die Vorstellung von Macht. Es fühlt sich als Erlöser. Es ist dann in gewisser Weise aufgebläht, aber aus Liebe. Weil es das alles aus Liebe tut, hat es ein sehr gutes Gewissen und fühlt sich unschuldig, wenn es das macht. Aber hinter dem Gewissen, das wir fühlen aus der Liebe heraus, gibt es noch ein archaisches Gewissen. Das liegt dahinter, das spüren wir nicht. Das erkennen wir aus den Wirkungen. Wenn ein Kind jemanden so aus Liebe retten will, dann bestraft ihn das Hintergrundgewissen mit Untergang oder Scheitern, weil es sich anmaßt, etwas zu tun, was ihm nicht zusteht. Einem Kind steht es nicht zu, seine Eltern in dieser Weise zu retten. Dann verhält sich das Kind, als sei es groß, und die Eltern werden zu Kindern. Das ist eine Verletzung der Ordnung.

MARGRET Das Nein
Krebs

HELLINGER *zu Margret* Worum geht es?
MARGRET Ich leide seit mehreren Jahren an Depressionen und
Angstzuständen und bin vor acht Monaten auch an Krebs erkrankt.
HELLINGER Mach die Augen zu. Mund auf. Ganz leicht den Kopf
sinken lassen. Locker lassen den Kopf. Tief ein- und ausatmen.
nach einer Weile Sag innerlich: »Ja.«

Sie kämpft mit sich und schüttelt den Kopf.

HELLINGER *zur Gruppe* Das ist die Ursache von Krebs. Habt ihr es
gesehen das Nein? Sterben ist leichter.
zu Margret Okay, ich habe es dir gezeigt. Mehr darf ich nicht machen.
zur Gruppe Was ich jetzt gemacht habe, ist eine merkwürdige Art der
Arbeit, so ganz im stillen, im geheimen, ohne daß etwas ans Licht
kommt. Man kann aus den Körpersignalen gewisse Hinweise bekommen, und dann gibt man der Seele einen Anstoß. Ich habe etwas bewußt gemacht oder hochgebracht. Jetzt hat die Seele eine neue Kraft,
eine neue Orientierung. Und sie hat eine neue Freiheit, die vorher nicht
da war. Jetzt kann sie wirklich entscheiden. Vorher konnte sie das
nicht. Jetzt kann die Seele entscheiden. Der Therapeut tritt nicht dazwischen. Das darf er nicht. Der zieht sich dann wieder zurück.
zu jemand, der Margret umarmt Es ist besser, wenn du sie losläßt. Sie
wird schwach durch die Umarmung.
zu Margret Merkst du das?
MARGRET Ich fühle mich stark.
HELLINGER *zur Gruppe* Sie braucht die Umarmung nicht. Das hier,
vorhin, war die Stärke. Niemand kann das ersetzen oder verstärken.
Das geht nicht.

Die leere Mitte

Ich möchte etwas sagen über die Haltung des Therapeuten bei dieser
Arbeit. Ich mache mir da keine großen Gedanken, weil ich mich an einen alten Freund von mir halte, einen gewissen Laotse, schon lange

tot. Der spricht von der Wirkung über das Sichzurückziehen in die leere Mitte.

Wer sich in die leere Mitte zurückzieht, ist ohne Absicht und ohne Furcht. Auf einmal ordnet sich um ihn herum etwas, ohne daß er sich bewegt. Das ist eine Haltung, die der Therapeut einnehmen kann: daß er sich zurückzieht auf eine leere Mitte. Er braucht nicht die Augen zuzumachen dabei. Die leere Mitte ist verbunden. Sie ist nicht abgeschlossen. Er zieht sich zurück ohne Furcht. Das ist ganz wichtig. Wer Angst hat, was passieren könnte, der kann hier einpacken. – Und er ist ohne Absicht, auch ohne die Absicht zu heilen.

In der leeren Mitte – das ist natürlich auch nur ein Bild – ist man verbunden. In dieser Verbindung tauchen dann plötzlich Bilder auf – Lösungsbilder –, wenn man sich darauf einläßt. Denen folgt man dann. Dabei gibt es auch Irrtümer, das ist ganz klar. Doch der Irrtum reguliert sich durch das Echo, das kommt. Also, der Therapeut braucht nicht perfekt zu sein in dieser Haltung. Er maßt sich auch nicht an, daß er überlegen ist. Er ist nur still in dieser Mitte. Dann gelingt diese Art von Arbeit.

Es ist die Demut, die hier eine Rolle spielt, diese absichtslose, die dem Kranken zustimmt, wie er ist, die seiner Krankheit zustimmt, wie sie ist, seinem Schicksal zustimmt, wie es ist. Niemand ist stärker, ein Schicksal zu meistern, als der, der es hat. Der Therapeut ist nur einer, der dabei ist, und in seiner Gegenwart entwickelt der Patient eigene Kräfte. Aber es ist dieses Nichteingreifen, das Nur-dabei-Sein, das das bewirkt.

HELEN   Die Anmaßung

Diabetes, ihr Bruder hat sich umgebracht

HELLINGER *zu Helen* Was ist?

HELEN Ich habe seit 23 Jahren Diabetes, der sehr schwer einstellbar ist. Er schwankt von ganz niedrig bis ganz hoch. Zeitweise geht es mal eine Woche oder 14 Tage, und dann ist es wieder ganz schlecht.

HELLINGER Ist etwas passiert vor 23 Jahren?

HELEN Da ist mein Bruder gestorben.

HELLINGER Wie?

HELEN Er hat sich umgebracht. *Sie weint sehr.* Ich kann das nicht vergessen. Es ist immer noch da.
HELLINGER Bist du ihm böse?
HELEN Nein, traurig. Es tut mir sehr leid. Ich konnte ihm nicht helfen, ich mußte ihm auch nicht helfen. Aber ich habe das Gefühl, ich würde ihm gerne helfen wollen.
HELLINGER Bist du ihm böse?
HELEN Nein.
HELLINGER Du bist ihm böse.
HELEN Ich habe nie das Gefühl gehabt, daß ich ihm böse bin.
HELLINGER Er hat deine Hilfe nicht angenommen. Manche sind da beleidigt.
HELEN Nein, ich wußte ja auch nicht, wie schlimm es mit ihm stand. Es ging wohl eine Weile schon so, daß er auf der Kippe stand.
HELLINGER Stelle zwei Personen auf, dich und den Bruder.

Bild 1

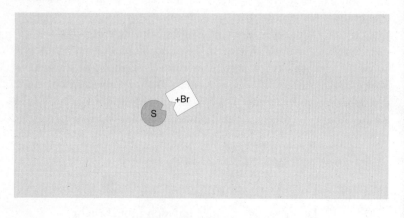

S   Schwester (= Helen)
+Br   Bruder, hat sich umgebracht

Beide schauen sich lange an.

HELLINGER *nach einer Weile zum toten Bruder* Zieh dich zurück, ganz nach deinem Gefühl. Und dreh dich um.

Bild 2

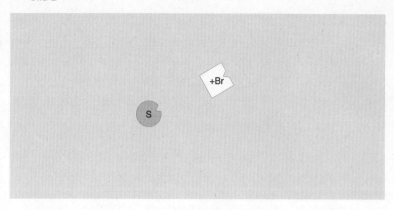

HELLINGER *nach einer Weile zum toten Bruder* Wie ist das?
BRUDER † Erheblich besser als vorher. Es war viel zu nah.
HELLINGER Genau.
BRUDER † Ich konnte kaum atmen.
HELLINGER Die maßt sich etwas an.
zu Helen Es gibt ein Märchen in der Sammlung der Gebrüder Grimm. Es handelt von einem Arzt, der einen Pakt mit dem Tod geschlossen hatte. Wenn er zu einem Patienten gerufen wurde, konnte er sofort sehen, ob der überlebt oder ob der stirbt. Wenn der Tod am Kopfende stand, wußte er, der Patient wird überleben. Wenn der Tod am Fußende stand, wußte er, der Patient wird sterben.
Eines Tages wurde er zu einem jungen Mädchen gerufen, und der Tod stand am Fußende. Doch das Mädchen tat ihm leid, und so hat er das Bett umgedreht. Das Mädchen hat überlebt, aber der Tod hat den Arzt geholt.
zur Stellvertreterin von Helen Wie geht es dir?
SCHWESTER Ich fühle mich jetzt ganz leer.
HELLINGER Du hast nichts mehr zu tun.
SCHWESTER Genau.
HELLINGER Schrecklich ist das.
zu Helen Ganz schrecklich ist das, wenn man nichts mehr zu tun hat.

Hellinger dreht ihre Stellvertreterin um.

Bild 3

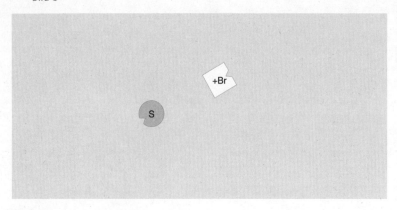

HELLINGER *zur Stellvertreterin von Helen* Wie geht es dir so?
SCHWESTER Sehr gut.
HELLINGER *zu Helen* Was sagst denn du dazu?
HELEN Ich kann nichts damit anfangen.
HELLINGER Genau. Eine so hohe Position gibt keiner so schnell auf – über Leben und Tod zu richten.
HELEN Ich glaube nicht, daß ich richten würde.
HELLINGER Das kam heraus. Du hast dir angemaßt, dich ihm in den Weg zu stellen.
HELEN Ich glaube nicht.
HELLINGER Du hast es so aufgestellt.
HELEN Aber ich bin ihm nur nahegestanden, weiter nichts.
HELLINGER So ist das mit dem Nahestehen. – Ich lasse es mal bei dem Bild.

HELLINGER *zur Gruppe* Was wäre passiert, wenn ihr Bruder ihr zuliebe am Leben geblieben wäre? Wie wäre es ihm gegangen?
zu einer Teilnehmerin Na, wie wäre es ihm gegangen?
TEILNEHMERIN Wahrscheinlich schlechter.
HELLINGER Schlecht. Schlechter als jetzt.
HELEN Ich kann es nicht glauben.
HELLINGER Okay. So ist es. Diabetes ist leichter, als diesen Glauben aufzugeben.
HELEN Ich will den Diabetes auch nicht haben.

HELLINGER Ich gebe dir noch ein Bild. Stelle dir vor, du legst dich zu deinem Bruder ins Grab.

HELEN Das will ich auch nicht.

HELLINGER Das wäre für ihn ein großer Trost.

HELEN Ich glaube nicht, daß er das will.

HELLINGER Ach so? Warum verhältst du dich dann so?

HELEN Ich wollte lange nachfolgen.

HELLINGER Da haben wir es. Ich glaube, ich habe es dir vorgeführt. Okay?

HELEN Ja.

Selbstmord und Selbstmordversuche

Ich möchte etwas sagen über Selbstmord.

Das erste ist, er ist für viele unausweichlich und die einzige Möglichkeit. Wir müssen das achten. Das Dazwischentreten kommt aus der Vorstellung, das Leben sei das Höchste und wir müßten jemanden auf diesem Weg aufhalten. In der Regel bringt sich jemand um aus Liebe. Oft wird das in der Familie nicht geachtet, daß einer das aus Liebe macht.

Ich beschreibe in dem Buch »Ordnungen der Liebe« eine Situation, in der das klar zum Ausdruck kommt. In einer Gruppe war ein alter Kinderarzt. Er war schon 70 Jahre alt. Er trauerte noch immer um seinen Sohn, der sich mit zwölf Jahren erhängt hatte. Er hatte ihn zum Einkaufen geschickt. Als er nach Hause kam, hat er die ganzen Waren auf der Treppe ausgeschüttet. Daraufhin hat ihm sein Vater eine runtergehauen. In der Nacht darauf hat sich sein Sohn erhängt.

Nach einem Jahr kam er noch einmal in einen Kurs. Wir sind zusammen spazierengegangen und haben darüber geredet. Ich habe ihm gesagt, daß der Selbstmord seines Sohnes vielleicht etwas zu tun hatte mit Liebe. Plötzlich ist ihm eingefallen, daß ein paar Tage vor diesem Selbstmord seine Frau am Tisch erzählt hatte, daß sie wieder schwanger war. Daraufhin hat dieser Junge wie außer sich gerufen, ganz laut: »Wir haben doch keinen Platz!« Deswegen hat er sich umgebracht. Er hat für das neue Kind Platz gemacht.

Er hat mir später noch erzählt, daß er in dieser Nacht mit seiner Frau im Bett lag und daß er sich plötzlich unheimlich erleichtert gefühlt hat. So läuft das manchmal ab.

Am Ende des Kurses sagte er: »Ich sitze jetzt an einem stillen See.«
Er war in Frieden mit seinem Sohn, in Liebe.

TEILNEHMER Gilt für Selbstmord und Selbstmordversuch das gleiche, oder ist das etwas Verschiedenes aus Ihrer Sicht?
HELLINGER Nein. Der Selbstmordversuch geht ja in die gleiche Richtung. Es ist aber schon so, wenn man jemanden aus dem Selbstmordversuch rettet, daß der dann später sehr erleichtert ist. Manchmal fühlt er sich dadurch befreit, wie wenn er durch den Selbstmordversuch seine Liebe bewiesen hat. Manchmal ist er dann erlöst von diesem Schicksal. Manchmal, nicht immer.
zur Gruppe Ich habe also keine Anweisung gegeben, daß man einen Selbstmordversuch nicht unterbindet. Aber es gibt Situationen, wo man das nicht unterbinden darf, zum Beispiel, wenn jemand für ein Verbrechen sühnen will. Das ist eine andere Form von Selbstmord. Das ist dann wie ein Sichverneigen vor dem Opfer. Man kann es so sehen. Wenn einer jemanden umgebracht hat oder ein anderes schweres Verbrechen begangen hat und sich dann umbringt, verneigt er sich damit vor dem Opfer und legt sich neben das Opfer. Er sagt: »Jetzt bin ich auch bei dir.« Man kann es so sehen. Das ist eigentlich ein schönes Bild, ein tiefes Bild.

ALBERT Panikanfall

HELLINGER *zu Albert, dem von seiner Mutter der Zugang zu seinem richtigen Vater verwehrt worden war* Mein Vorschlag ist, daß du dich aufrecht hinsetzt und in die Runde schaust. Laß die Augen auf.
zur Gruppe Bei Panik sind die offenen Augen und der Kontakt nach außen wichtig. Wenn jemand die Augen zumacht, geht er in Szenen und in Bilder.
nach einer Weile zu Albert Jetzt stelle dir deinen richtigen Vater vor, wie du neben ihm stehst, und wie du klein wirst und er dich schützt.

Ich will dir etwas sagen über Väter. Wenn die Kinder Angst haben, verstehen das die Väter, doch die Kinder verstehen nicht, daß die Väter das verstehen.

Laß die Augen auf. Der Weg bei der Panik ist: Du läßt den Mund leicht geöffnet, läßt die Augen auf und legst die Hände mit den Handflächen nach oben auf die Oberschenkel. Stell dir vor, daß die Panik abfließt:

- über die Augen, zum Beispiel durch freundliches Schauen, und laß dabei den Kopf ganz leicht nach vorne geneigt;
- über den Atem, durch das Ausatmen;
- über die Hände, indem du dir eine Hinbewegung vorstellst zum Vater, als kleines Kind, so vierjährig.

Laß den Mund auf dabei, das ist wichtig. – Und die Augen müssen fokussiert sein. Gut ist es auch, wenn du so weit schaust, daß du irgendwo deinen Vater siehst und ihm in die Augen schaust.
nach einer Weile Du machst es gut jetzt.

JUTTA   »Es ist erschöpft«
Multiple Sklerose

HELLINGER *zu Jutta, die sich mühsam mit einem Gehwagen bewegt und nur noch undeutlich sprechen kann* Was ist bei dir?
JUTTA Ich habe Multiple Sklerose.
HELLINGER Ich stelle e i n e Frage: Ist dir noch zu helfen?
JUTTA Ja.
HELLINGER Nein, nein, du hast es nicht in die Seele gehen lassen. Ist dir noch zu helfen? Oder ist das erschöpft?
JUTTA *schüttelt den Kopf* Nein.
HELLINGER Es ist erschöpft.

Lange Stille, während der Jutta weint.

HELLINGER *zur Gruppe* Ich möchte etwas sagen über therapeutische Vorgehensweisen.

Wenn ich mit jemandem arbeite, dann stelle ich mir vor: Wieviel Weg ist noch übrig von seinem Lebensweg. Ist der Weg am Ende, oder ist er in der Mitte, oder ist er noch am Anfang? Wo steht er im Augenblick? Wenn ich sehe, er ist am Ende, nah am Ende, halte ich mich zurück. Ich würde mich zwischen ihn und das Wesentliche stellen, wollte ich hier aktiv werden. Das darf ich nicht. In dem Augenblick darf ich das nicht. Alles, was ich dann mache, ist, ich helfe ihm hinzuschauen auf die Grenze und auf den Tod, ganz gesammelt. Das ist hier so. Ich darf da nicht weitergehen.

Wieder lange Stille.

HELLINGER Ich lasse es da. Okay?

Jutta nickt.

Der Weg

HELLINGER *zur Gruppe* Ich gehe noch mal zurück zum Bild des Weges. Wenn jemand zu mir kommt mit einem Anliegen, dann sehe ich manchmal, daß er etwas vergessen hat oder zurückgelassen hat in der Vergangenheit. Dann gehe ich mit ihm zurück an den Ort, wo das liegt. Vielleicht braucht er noch den Segen des Vaters oder der Mutter. Oder da war ein Trauma, das noch nicht bewältigt ist. Dann gehe ich mit ihm an den Ort zurück, helfe ihm, daß er das nimmt oder löst, und gehe mit ihm sofort wieder zurück in die Gegenwart. Sich nur nicht aufhalten in der Vergangenheit!

Manchmal erreicht jemand eine Grenze, aber es ist keine endgültige Grenze, es ist nur ein Hindernis auf dem Weg. Ich helfe ihm, das Hindernis aus dem Weg zu räumen. Dann geht er weiter.

Ich bleibe eigentlich immer auf dem gleichen Fleck. Ich gehe nicht weiter mit dem Patienten. Ich bleibe an dem Ort, wo er etwas löst. Er geht dann alleine weiter.

GEORG »Es ist gut«
Darmkrebs

HELLINGER *zu Georg* Was ist bei dir?

GEORG Ich weiß, daß ich seit drei Jahren Krebs habe.

HELLINGER Was für Krebs?

GEORG Darmtumor. Ich bin schon mehrfach operiert worden, und die Ärzte kriegen die Tumorzellen jetzt nicht mehr aus dem Körper raus.

HELLINGER Bist du verheiratet?

GEORG Ja, ich habe eine Frau, aber keine Kinder.

HELLINGER Wieviel Zeit hast du noch?

GEORG *nach einigem Nachdenken* Ich glaube, weniger als die meisten in meinem Alter.

HELLINGER Ja. Und da geht der Blick nach vorne, nicht mehr zurück.

GEORG *sehr bewegt* Ja, ich kann manchmal weit schauen, das stimmt.

Lange Stille.

GEORG Es ist gut.

AUS DEM KURS IN DRESDEN

BEATA Das Vertrauen
Sklerodermie

HELLINGER *zu Beata* Wie geht es dir jetzt neben mir?

BEATA Ich bin aufgeregt, aber ich habe viel Sicherheit hier.

Beata lehnt sich an Hellinger an. Dieser legt den Arm um sie.

BEATA *nach einer Weile* Das ist schön.

HELLINGER Wir warten ein bißchen.

nach einer Weile, während er sie noch hält Jetzt erzähl mal, was du hast.

BEATA Ich habe Sklerodermie, schon elf Jahre. Im Augenblick ist es so, daß ich denke, ich schaffe es nicht mehr. Es ist, als wenn mein Topf leer wäre, als wenn eine große Last auf meinen Schultern ist, die mich zusammendrückt. Auf der anderen Seite denke ich, daß ich meine Energie sinnlos vergeude.

In der Zwischenzeit hat sie sich aufgerichtet.

HELLINGER Willst du mal erklären, was Sklerodermie ist?

BEATA Das ist eine Bindegewebserkrankung. Ich habe schon von Grund auf zu wenig Sauerstoff. Mein Leistungsvermögen ist dadurch sehr eingeschränkt, ganz egal, ob ich körperlich arbeite oder schriftlich. Ich erkenne das auch nicht an.

HELLINGER Stelle die Krankheit auf und dich, zwei Personen.

BEATA Ist es egal, ob ich für die Krankheit einen Mann oder eine Frau wähle?

HELLINGER Wähle sie, wie es gemäßer für dich ist. Dann stelle sie gesammelt in Beziehung zueinander.

Bild 1

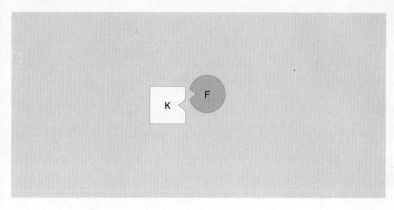

K   Krankheit
F   **Frau (= Beata)**

Nach einer Weile dreht Hellinger die Krankheit der Stellvertreterin von Beata mehr zu und läßt sie den Arm um sie legen. Die Stellvertreterin von Beata schaut zu Boden.

Wieder etwas später richtet Hellinger ihren Kopf nach oben und legt ihn auf die Schulter der Krankheit.

Bild 2

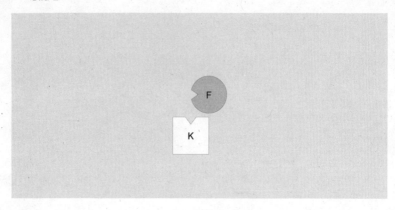

BEATA *nach einer Weile* Das stimmt nicht.
HELLINGER Warte noch ein bißchen.
wieder etwas später zur Stellvertreterin von Beata Wie geht es dir?
FRAU Zuerst war es schrecklich, und jetzt fühle ich mich geborgen bei der Krankheit. Ja, geborgen fühle ich mich mit der Krankheit.
HELLINGER *zum Stellvertreter der Krankheit* Bei dir?
KRANKHEIT Ich fühle mich zunehmend besser. Am Anfang konnte ich diese Aufgabe nicht so recht übernehmen. Aber jetzt geht es. Stark fühle ich mich.

Nach einer Weile legt Hellinger wieder den Arm um Beata, ähnlich wie die Krankheit es mit ihrer Stellvertreterin macht. Beata lehnt sich an ihn an, schaut aber unentwegt auf die Aufstellung.

HELLINGER *zu Beata* Wie geht es dir?
BEATA Es wird besser.
HELLINGER Genau.
BEATA Es ist, als könnte ich mich anvertrauen.
Hellinger und Beata schauen sich an.
HELLINGER Ich glaube, das war's. Einverstanden?
BEATA Ja.

HELLINGER *nach einer Weile zur Gruppe* Vor kurzem hat mich jemand gefragt: Wie hältst du das aus, dich in den Aufstellungen all dem auszusetzen? Er meinte, ich setze mich dabei manchmal etwas Schlimmem aus. Ich konnte ihm keine Antwort geben, habe aber darüber nachgedacht. Was mir dann kam, war: Ich setze mich eigentlich nur dem Ganzen aus. Da hat alles seinen Platz, und alles ist gut.

CLAIRE Die Seele
Zöliakie

HELLINGER *zu Claire* Um was geht es?
CLAIRE Ich habe eine Krankheit wieder, die ich mal als Baby hatte. Sie heißt Zöliakie. Das ist eine Unverträglichkeit von Mehl, wo man Durchfall hat und sich insgesamt ziemlich Scheiße fühlt. Mich erstaunt, daß ich das 29 Jahre lang nicht hatte und jetzt wieder habe. Doch es ist schon wieder viel besser.
HELLINGER Wann ist es wieder aufgetreten? Wie lange ist das her?
CLAIRE Das war letzten Sommer. Ich bin Schauspielerin und habe einen Film vorbereitet. Da haben sie mir gesagt, daß ich, damit ich die Rolle bekomme, ein bißchen abnehmen soll. Ich habe dann drei Monate versucht abzunehmen, um dann mit dem Film zu beginnen.
HELLINGER Ich finde so etwas schrecklich.
CLAIRE Ich habe nicht so viel abgenommen. Es waren nicht zehn Kilogramm, es waren nur drei oder vier.
HELLINGER Wir stellen jetzt den Film auf und deine Seele. Okay, mach mal.
CLAIRE Meine Seele und den Film?

HELLINGER Deine Seele und den Film, ja.

Bild 1

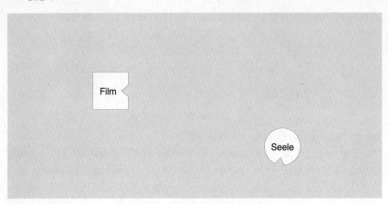

HELLINGER *zu Claire, als sie aufgestellt hat* Jetzt stelle auch noch die Krankheit auf.

Claire stellt die Krankheit erst zwischen den Film und die Seele. Dann stellt sie sie hinter die Seele.

Bild 2

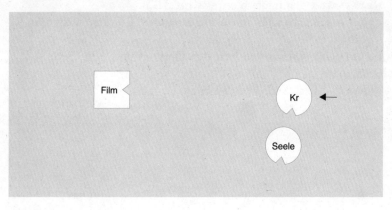

Kr   Krankheit

HELLINGER *zur Seele* Wie geht es dir?

SEELE Im Moment besser. Am schlimmsten war es, als sie den Film zu mir stellte. Am besten war es, als die Krankheit dazwischen stand. Auch jetzt ist es besser ohne sie.
HELLINGER *zur Krankheit* Bei dir?
KRANKHEIT Ich fühle mich traurig, und mir ist schlecht. Ich habe ein Kotzgefühl im Hals.
HELLINGER Und beim Film?
FILM Ich bin eine Bedrohung für sie, das fühle ich ganz stark. Ich habe aus Höflichkeit den Blick von ihr abgewandt und schaue geradeaus, damit sie sich nicht mehr so bedroht fühlt.
HELLINGER *zu Claire* Stell dich an deinen Platz.

Claire tauscht den Platz mit der Seele. Dann stellt Hellinger die Seele neben den Film.

Bild 3

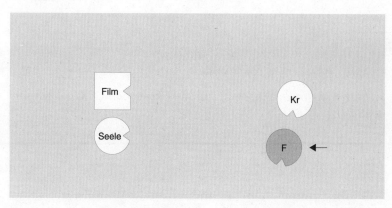

F   Frau (= Claire)

HELLINGER *zum Film* Wie ist das, wenn die Seele bei dir ist?
FILM Es tut gut.
HELLINGER Der Seele?
SEELE Auch gut.
HELLINGER *zu Claire* Wie geht es dir?
CLAIRE Ich bin ein bißchen eifersüchtig. *Sie lacht.*

HELLINGER *zur Krankheit und zur Seele* Jetzt wechselt ihr zwei die Positionen.

Hellinger stellt die Seele ganz nah hinter Claire.

Bild 4

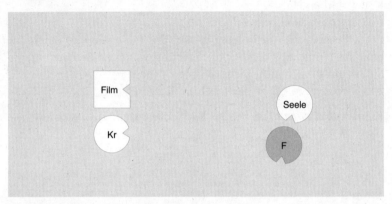

HELLINGER *zu Claire* Was ist jetzt?
CLAIRE Jetzt geht es mir besser.

Hellinger stellt nun die Seele zwischen Claire und die Krankheit und den Film.

Bild 5

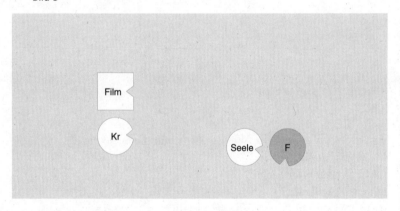

CLAIRE Jetzt sehe ich die anderen gar nicht mehr.
HELLINGER Wie geht es dir dabei?
CLAIRE Hm, es ist ganz okay.

HELLINGER Wie geht es der Seele?

SEELE Gut.

HELLINGER Dem Film?

FILM Ich fühle mich viel leichter, und ich habe mehr Luft.

KRANKHEIT Mir geht es auch besser. Es ist sehr viel Wärme hier, und ich kann die beiden dort gut stehen sehen.

HELLINGER *zu Claire* Ich weiß zwar nicht, was es bedeutet, aber ich lasse es hier stehen. Einverstanden?

Claire nickt und lacht.

CONSTANZE Der Kummer
Hautkrebs, schwere Verbrennungen

HELLINGER *zu Constanze* Was ist bei dir?

CONSTANZE Ich habe seit einem halben Jahr Hautkrebs, und ich bin auch verbrannt.

HELLINGER Was heißt das?

CONSTANZE Ich bin mal verbrannt in einem Feuer.

HELLINGER Wie alt warst du damals?

CONSTANZE 26.

HELLINGER Was ist passiert?

CONSTANZE Ich ging in der Fastnacht auf ein Fest als Zuckerwatte, und eine Schwester von mir ging als Ballonfrau. Eine Frau hat dann an den Ballon eine Zigarette gehalten. Der Ballon ist geplatzt, und ich war plötzlich eine Flamme. Ein Mann wußte, was zu tun war. Er hat die Vorhänge weggerissen und mich eingewickelt. Ich war zu 70 Prozent verbrannt und wäre fast gestorben. Ich war fast ein Jahr lang im Spital. Das hat mein Leben verändert, diese vielen Narben, die ich jetzt habe.

HELLINGER In welcher Weise verändert?

CONSTANZE Wegen den Männern. Ich fand mich nicht mehr schön, ich hatte überall Narben. Das war zwei Wochen, bevor ich nach Amerika wollte zu meinem damaligen Freund. Dann ist aber er in das Spital gekommen. Ich habe in meinem Leben alles schwerer gehabt, und jetzt habe ich den Hautkrebs bekommen. Das ist doch ein ganz schweres Leben.

HELLINGER Vor kurzem hat irgendeiner gesagt: »Denen, die Kummer haben, kann man nicht helfen.« – Was ist da passiert bei dem Feuer? Du wärst fast gestorben, hast du gesagt. Und was ist wirklich passiert?

CONSTANZE Ich bin nicht nach Amerika gegangen zu meinem Freund. Ich bin zu Hause geblieben. Ich bin immer zu Hause geblieben, in der Firma von meiner Familie. Das ist passiert.

HELLINGER Das war jetzt lauter Kummer. Und was ist wirklich passiert?

CONSTANZE Alle haben sich um mich gekümmert. Alle Geschwister haben sich um mich gekümmert. Sie sind gekommen.

HELLINGER Wie geht es deiner Seele, wenn du das so erzählst?

CONSTANZE Sie zittert.

HELLINGER Genau. Meine würde auch zittern.

CONSTANZE Aber ich weiß nicht, warum sie zittert.

HELLINGER Sag ihr: »Du warst an meiner Seite.«

CONSTANZE Du warst an meiner Seite.

HELLINGER Wie geht es der Seele jetzt?

CONSTANZE Sie denkt: Ich bin immer noch bei dir.

HELLINGER Bist du bei ihr?

CONSTANZE Sie verkriecht sich.

HELLINGER Genau. Die Seele verkriecht sich vor dir. Du hast das Geschenk nicht geachtet.

CONSTANZE Das Geschenk? Daß sie bei mir war, als ich verbrannt war?

HELLINGER Und daß du wieder gesund geworden bist.

CONSTANZE Ja.

HELLINGER Wie geht es dir, wenn du jemandem ein kostbares Geschenk gibst, und er wirft es weg? Wie geht es dir?

CONSTANZE Das verletzt mich. Das macht mich sehr traurig.

HELLINGER Und was ist das Ergebnis dann?

CONSTANZE Dann verkriche ich mich.

HELLINGER Genau. Dann fehlt dir Kraft. Ich habe dir jetzt einen Weg gezeigt.

CONSTANZE Einen Weg? Das kostbare Geschenk anzunehmen?

HELLINGER Hast du mein Geschenk genommen?

CONSTANZE Ich wollte ein anderes Geschenk.

HELLINGER Genau. Das ist es. Du schaust auf mich. Und wer steht vor der Tür, der herein will?

CONSTANZE Vielleicht die Seele?

HELLINGER Genau. Die Seele. Du bist abgeschnitten von deiner Seele. – Was hilft dir jetzt beim Krebs?

CONSTANZE Das weiß ich eben nicht. Ich denke nur, das ist ein Zeichen. Beim Krebs? Für den Krebs wollte ich die Familie aufstellen.

HELLINGER Ohne Seele geht hier nichts.

zur Gruppe Ich möchte etwas sagen zur Psychosomatik. Bei der Psychosomatik haben viele die Vorstellung, daß die Krankheit von der Seele kommt und daß die Krankheit weggeht, wenn man die Seele in Ordnung bringt. Sie betrachten dabei die Seele wie etwas, was man benutzt, um gesund zu werden, wie wenn man eine Medizin schluckt und dadurch wieder gesund wird. Doch die Seele läßt es sich nicht gefallen, daß man sie zur Gesundheit benutzt. Ihre Ziele gehen weit darüber hinaus. Worauf es ankommt, ist, daß man die Seele gewinnt, daß sie hilft. Zum Beispiel, indem man sie achtet und indem man sich ihrer Führung und Fügung überläßt, und sei es, daß diese Führung über eine Krankheit geht.

Sehr oft wird die Psychosomatik behandelt, als ginge es nicht um Seele und Leib, sondern um Ich und Leib. Das wäre dann aber keine Psychosomatik, sondern Egosomatik, so könnte man das benennen. Wenn man zum Beispiel sagt: »Das ist seelisch bedingt, also reiß dich zusammen«, meint man nicht die Seele, sondern das Ich. Der Seele fügt man sich. Dieses Sichfügen ist etwas sehr Demütiges, und diese Demut heilt.

zu Constanze Hast du das verstanden?

CONSTANZE Ich versuche, es zu verstehen.

HELLINGER Ich lasse dir jetzt etwas Zeit. Okay?

Constanze nickt.

HELLINGER *zur Gruppe* Was ich jetzt vom Kranken gesagt habe, das gilt natürlich auch für den Therapeuten. Daß er weggeht von dem, was er plant, und daß er in Einklang kommt mit der Seele des Kranken. Daß er die Bewegung der Seele spürt, mit dieser Bewegung geht und ihr zum Recht verhilft gegenüber den Vorstellungen und Wünschen des Kranken. Wenn die Seele dann zum Zuge kommt, dann gibt es etwas, das sich gut auswirkt. Man ist auf dem Boden und vertraut den Kräften, die von innen kommen.

Sehr häufig kommen Klienten oder Patienten zu einem Therapeuten und sagen: Hilf mir, stelle jetzt mal die Familie auf, damit es mir wieder gutgeht. Das ist ein Appell an die vorgestellte Macht des Therapeuten, als hätte er die. Wenn der Therapeut darauf reinfällt und entsprechend agiert, dann wird die Seele nicht mitschwingen. Dann ist die Arbeit zum Scheitern verurteilt.

HEINRICH Der Gang zu den Toten
Dickdarmkrebs, ein Kind wurde abgetrieben

HELLINGER *zu Heinrich im Anschluß an die Aufstellung seiner Gegenwartsfamilie* Ich bin mir nicht sicher, ob ich dich ganz rausholen konnte. Setze dich neben mich. Ich versuche noch etwas mit dir, eine besinnliche Übung. Soll ich?
HEINRICH Ja, gerne.
HELLINGER Mach die Augen zu ... Ruhig und tiefer atmen. Neige den Kopf ganz leicht nach vorne. Laß ihn sinken.
Stelle dir vor, du gehst nach vorne zu den Toten ... Ganz in die Tiefe zu den Toten, wer immer sie sind ... einschließlich dieses Kindes ... bis du bei ihnen ankommst ... Dann legst du dich neben sie ... bis du mit ihnen still wirst ... völlig still ... Die Aufregung der Erde läßt nach ... und du wirst völlig still ... einer von ihnen ... Langsam zur Ruhe kommen ... bis es völlig still ist. Laß den Kopf noch tiefer sinken.
nach einer langen Pause Erst, wenn du ganz still bist, fühlst du ihre Kraft ... die Kraft der Toten ... denn sie sind aufgehoben. Unter ihnen bist du der Kleinste.
Achte, was sie dir geben ... jeder einzelne von ihnen ... Wenn du wirklich unter ihnen bist, kommt von ihnen etwas zu dir ... Tief atmen ... Nimm es jetzt auf, mit offenem Mund ... Und laß etwas bei den Toten, zum Beispiel den Schmerz ... und die Schuld ... oder was immer. Vielleicht schenken sie dir auch einen Schmerz, der dir gehört.
wieder nach einer langen Pause Wenn es abgeschlossen ist, steigst du langsam nach oben ... und kommst zurück.

Heinrich bleibt noch lange in der Versenkung. Dann richtet er sich langsam auf und öffnet die Augen.

HELLINGER *zu Heinrich* Mit niemand darüber sprechen. Okay?

Heinrich nickt und dankt.

ANGELIKA »Wir drei«
Muskeldystrophie

HELLINGER *zu Angelika* Ich arbeite jetzt mit dir, wenn du willst.

ANGELIKA Ja.

HELLINGER Was hast du?

ANGELIKA Seit meiner Geburt leide ich unter Muskeldystrophie, einer Erbkrankheit aus der Familie meiner Mutter. Aufgefallen ist es, als ich 15 war – ich bin jetzt 31. Ich war Leistungssportlerin, und meine sportlichen Leistungen – ich war Schwimmerin – haben rapide nachgelassen. Die Krankheit ist auf jeden Fall progressiv, meine Kräfte nehmen ab. Ich merke, daß ich es mir auf jeder Ebene gutgehen lassen will. In meiner Familie sind im Moment gewisse Dinge im Gange. Das Verhältnis zu meiner Mutter ist irgendwie …

HELLINGER Okay, das genügt mir. Lehne dich an mich an.

Angelika lehnt sich an Hellinger an. Legt den Arm um ihn, und er legt den Arm um sie.

HELLINGER Wen vertrete ich jetzt?

ANGELIKA Meine Mutter.

HELLINGER Genau. Ich vertrete jetzt deine Mutter.

Hellinger umarmt sie und hält sie fest. Auch sie legt beide Arme um ihn. Angelika weint.

HELLINGER *nach einer Weile* Wie hast du deine Mutter angeredet?

ANGELIKA Mama.

HELLINGER Sag ihr: »Liebe Mama.«

ANGELIKA Liebe Mama.

HELLINGER »Ich nehme es auch um diesen Preis.«

ANGELIKA Ich nehme es auch um diesen Preis.

HELLINGER »Mit Liebe.«

ANGELIKA Mit Liebe.

HELLINGER »Liebe Mama.«

ANGELIKA Liebe Mama.

HELLINGER *wieder nach einer Weile* Was denkst du, wie es der Mutter geht, wo sie weiß, daß du diese Krankheit von ihr geerbt hast?

ANGELIKA Ihr geht es schlecht.

HELLINGER Genau.

Hellinger löst die Umarmung, und Angelika wischt sich die Tränen ab. Sie atmet tief.

HELLINGER *nach einer Weile* Und wie geht es dir mit diesem Leben?

ANGELIKA Nicht so gut.

Hellinger wählt eine Stellvertreterin und läßt sie sich Angelika gegenüber setzen.

HELLINGER *zu Angelika* Das wäre die Krankheit. Sag ihr: »Ich nehme dich mit meiner Mutter.«

ANGELIKA Ich muß sie anfassen.

Sie reicht der Krankheit die Hand und lächelt sie an.

ANGELIKA Ich nehme dich mit meiner Mutter.

HELLINGER »Ihr beiden gehört zusammen.«

ANGELIKA Ihr beiden gehört zusammen.

Sie weint.

HELLINGER Schau sie an. Tief atmen.
nach einer Weile Mache die Augen zu. Nimm die Krankheit und die Mutter – beide jetzt – in deine Seele.

Sie schließt die Augen und neigt den Kopf.

HELLINGER *nach einer Weile* Und sag: »Wir drei.«

ANGELIKA *wartet lange, dann sagt sie:* Wir – wir drei.

HELLINGER »Sind eins.«

ANGELIKA *weint* Sind eins.

HELLINGER Laß sie zusammenfließen, bis sie eine Einheit sind.

Angelika bleibt lange regungslos. Dann lehnt sie ihren Kopf an Hellinger und weint.

HELLINGER *nach einer Weile* Wie geht es dir jetzt?

ANGELIKA Besser.

HELLINGER Und wie geht es deiner Mutter?

ANGELIKA Auch besser.

HELLINGER Und der Krankheit?

ANGELIKA Auch besser.

HELLINGER *zur Krankheit* Wie geht es dir?

KRANKHEIT Mir geht es gut.

HELLINGER *zu Angelika* So ist das, euer besonderes Schicksal.

Angelika löst sich von Hellinger und wischt die Tränen weg. Sie hält die Krankheit noch immer bei der Hand.

HELLINGER Ich erzähle dir noch eine Geschichte über das Leben. Soll ich?

ANGELIKA Ja.

HELLINGER Voriges Jahr hatte ich einen Kurs in London. Dort war eine Frau, etwa 40 Jahre alt, die als Kind Kinderlähmung hatte, aber wieder gesund wurde. Doch seit drei Jahren war sie schwach und saß im Rollstuhl. Sie saß neben mir, und ich sagte ihr, sie sollte sich mal vorstellen, sie sei völlig gesund aufgewachsen wie andere junge Mädchen auch. Und sie sollte sich ihr Leben vorstellen, wie es wirklich war, mit der Krankheit und ihrer Schwäche. Dann habe ich sie gefragt: Which life is more precious? Also: Welches Leben ist kostbarer?

Sie war eine sehr gescheite Frau. Sie hat sofort angefangen, alles mögliche zu erzählen. Ich habe ihr gesagt: Ich habe eine ganz einfache Frage gestellt: Which life is more precious?

Sie hat lange mit sich gekämpft. Dann sind ihr die Tränen gekommen, und sie hat gesagt: This life is more precious! Also: Dieses Leben ist am kostbarsten.

zu Angelika Es hat eine besondere Größe und Kraft. Einverstanden?

ANGELIKA *umarmt ihn* Ja.

HELLINGER Alles Liebe dir.

SUSANNE »Liebes Kind«
Chronische Gebärmutterentzündung

HELLINGER *zu Susanne* Um was geht es bei dir?

SUSANNE Ich habe seit zwei Jahren eine chronische Gebärmutterentzündung, die einfach nicht weggeht. Sie ist immer gleichbleibend intensiv. Sie geht mal für ein paar Stunden weg, ist aber eigentlich immer da. Das belastet mich sehr, weil ich dadurch sehr eingeschränkt bin.

HELLINGER Bist du verheiratet?

SUSANNE Nein.

HELLINGER Hast du Kinder?

SUSANNE Nein.

HELLINGER Ist etwas passiert?

SUSANNE Ja, ich war mal schwanger, habe das Kind aber nach zwei Monaten verloren. Das ist vor drei Jahren passiert. Ich hatte dann auch keine Partnerschaft mehr.

HELLINGER Du hast es verloren. War es eine Fehlgeburt?

SUSANNE Ja.

HELLINGER Da ist etwas in deiner Seele vorgegangen. Was ist vorgegangen in dir?

SUSANNE Ich wollte es nicht. Ich wollte es nicht zu dem Zeitpunkt. Ich hatte immer gedacht: Eigentlich schon, aber bitte jetzt nicht, später. Ich habe das ziemlich verdrängt, es ist aber immer noch da.

HELLINGER Mach mal die Augen zu. Stell dir das Kind vor und nimm es zurück in deinen Schoß. Umschließe es mit Liebe.

nach einer Weile Tief atmen mit offenem Mund – den Mund leicht öffnen.

wieder nach einer Weile Und sag ihm innerlich: »Liebes Kind.«

Sie lächelt und nickt.

HELLINGER *wieder nach einer Weile* Und dann laß es ziehen mit Liebe. Ganz sanft.

Sie neigt ihren Kopf.

HELLINGER Und jetzt hebe es auf und nimm es in dein Herz.

nach einer Weile Okay?

SUSANNE Ja.

HELLINGER Gut, das war's dann.

Die Toten

HELLINGER *zur Gruppe* Ich möchte etwas sagen über die Toten. Von der Erfahrung, von der Beobachtung von Wirkungen her, liegt es nahe anzunehmen, daß die Toten bleiben für eine Zeit. Sie sind zwar abwesend, so daß wir sie nicht sehen, aber anwesend durch ihre Wirkung, als wären sie da.

Die Familienseele umfaßt Lebende und Tote gleichermaßen. Deswegen brauchen die Toten einen Platz in der Familie. Manche haben Angst, die Toten würden vielleicht stören. Im Gegenteil. Die Toten sind erstens mächtig und zweitens milde. Sie sind den Lebenden zugewandt.

zu Susanne Auch ein totes Kind ist zugewandt, es ist der Mutter und dem Vater zugewandt. Das sieht man an den Wirkungen.

Nach einiger Zeit aber ziehen sich die Toten zurück. Wenn sie gewürdigt sind und wenn sie angenommen sind und wenn sie wirken durften, wenn sie das sozusagen vollendet haben, dann ziehen sie sich zurück. Und man muß sie ziehen lassen. Das ist eine innere Bewegung, zurück. Wohin, das wissen wir nicht.

zu Susanne Wenn man sie dann festhält, zum Beispiel durch zu lange Erinnerung, dann stört das diese Bewegung. Also, nach einiger Zeit darf das Kind auch aus deinem Herzen weggehen. Dann ist es wirklich tot und in Frieden. Das ist wichtig. Aber für eine Zeitlang mußt du es bei dir behalten, so ein Jahr mindestens. Okay?

SUSANNE Ja.

HELLINGER Gut, das war's dann.

AUS DEM KURS IN LEIPZIG

HERMANN UND ROSA

»Ein bißchen, aber nicht zuviel«
Ein Paar, das sich nicht entscheiden kann

HELLINGER Um was geht's?

HERMANN Es geht um unsere Beziehung. Mein Problem mit dieser Beziehung ist, daß Rosa nicht voll in die Beziehung reingeht. Daß sie sich scheut, sich ganz dafür einzusetzen.

HELLINGER War jemand von euch vorher in einer festen Bindung?

HERMANN Ich war schon mal verheiratet, bin seit 14 Jahren geschieden und habe eine 18jährige Tochter, die bei meiner ehemaligen Frau lebt.

HELLINGER Eine zweite Frau traut sich nicht, den Mann voll zu nehmen. Das ist halt so.

HERMANN Aber ich denke, das kann man ändern. *Er lacht.*

HELLINGER Das weiß ich nicht. So billig ist das nicht zu haben.

HERMANN Das ist mir klar.

HELLINGER *zu Rosa* Willst du etwas sagen dazu?

ROSA Es ist bei mir nicht das erste Mal, daß ich mich nicht richtig in eine Beziehung einlasse. Das habe ich eigentlich noch nie gemacht. Von daher gesehen denke ich, daß es eine Menge mit mir zu tun hat. Daß es viel mit meiner Vergangenheit zu tun hat, daß ich Angst habe, jemanden zu nahe an mich ran zu lassen.

HELLINGER Du bist nicht ehefähig oder so?

ROSA So würde man das ausdrücken.

HELLINGER Habt ihr Kinder?

HERMANN Nein.

ROSA Wir sind auch nicht verheiratet. Der Hermann möchte mich gerne heiraten. Ich habe immer Angst und habe auch einen Bandscheibenvorfall gekriegt, als wir uns verloben wollten. Dann war sowieso erst mal Schluß. *Beide lachen.*

HELLINGER Ich glaube, das ist die beste Lösung. Ein bißchen, aber nicht zuviel.

ROSA Auf die Dauer ist das unbefriedigend.

HELLINGER Wenn es nicht befriedigend wäre, hättet ihr es geändert. Es ist das Bestmögliche für euch.

Beide schauen sich jetzt lange und ernst an.

HELLINGER Jetzt kommt der Ernst. Da lasse ich es.

zur Gruppe Jetzt sind wir alle auf dem Boden: Sie sind auf dem Boden, ich bin auch auf dem Boden. Auf dem Boden kann man gehen, im Wolkenkuckucksheim nicht.

RUDOLF UND ULRIKE

Der Blick in die Augen
Ein Paar, das unter Eifersucht leidet

RUDOLF Meine Frau ist eifersüchtig.

HELLINGER Eifersucht heißt, daß der Eifersüchtige den Partner loswerden will. Ist das so?

ULRIKE Nein, das ist nicht so.

HELLINGER Ich bin mir nicht so sicher. Der Eifersüchtige will genau das Gegenteil von dem, was er vorgibt. Er will den Partner nicht festhalten, er will ihn loswerden. Die Eifersucht ist ja auch das untrügliche Mittel, um das zu erreichen. Aber statt daß man sich selber trennt, will man den Partner dazu bringen, daß er sich trennt. Das ist die Funktion der Eifersucht. Ein Trost für alle, die darunter leiden.

ULRIKE Ich bin erst einmal baff. Für mich war Eifersucht bisher eher ein Problem, das mit meinem Selbstwert zu tun hat, also, daß ich mich vergleichen mußte oder verglichen habe.

HELLINGER Was liebt der Mann an der Frau außer dem Frau-Sein? Was liebt die Frau am Mann außer dem Mann-Sein? Sie lieben beide die Seele, und die ist unvergleichlich. Einverstanden?

ULRIKE Ja.

RUDOLF Ja.

HELLINGER *als beide sich in die Augen schauen* Wo sieht man die Seele? In den Augen sieht man sie. Wer dem anderen in die Augen schaut, sieht nichts anderes.

117

MANUEL UND FELIZITAS

»Ja, gerne«
Die Entscheidung füreinander und für das Kind

HELLINGER *zu Manuel und Felizitas* Um was geht's?

FELIZITAS Wir kriegen in ungefähr drei Wochen unser Kind. Die Schwangerschaft ist für uns eher mit Tiefen als mit Höhen verlaufen. Da ist so ein Gefühl, als wenn ich das Kind nicht kriegen kann. Es fehlt eine Bereitschaft. In den letzten zwei Tagen habe ich gemerkt, daß wir beide ein schweres Päckchen aus der Herkunftsfamilie tragen und daß mein Mutter-Sein durch meine Familie sehr beeinträchtigt ist.

HELLINGER Ich brauche nicht so viel Details. Das Wesentliche sehen wir ja. Seid ihr verheiratet?

FELIZITAS Nein.

HELLINGER Wieso nicht?

FELIZITAS Bisher habe ich mir über das Heiraten noch nicht soviel Gedanken gemacht und wollte das auch nicht.

HELLINGER Und was will das Kind? Kannst du dir das vorstellen?

FELIZITAS Das will eine Familie.

HELLINGER Genau. Es ist heute nicht so modern zu heiraten. Weißt du, wieso? Es gibt nur einen Grund. Praktisch gibt es nur einen Grund: die Sehnsucht nach verlängerter Jugend.

FELIZITAS Ja, da ist was dran.

HELLINGER Aber mit dem Kind hört die Jugend auf.

FELIZITAS Das ist, denke ich, auf jeden Fall ein Thema.

HELLINGER Was sagt denn der Mann dazu?

MANUEL Mit dem Kind habe ich ein Problem, je näher das rückt. Ich merke, daß ich im Moment in mir gar keinen Platz finde für das Kind.

HELLINGER Du trittst in Wettbewerb mit dem Kind.

MANUEL Das sehe ich nicht so.

HELLINGER Machen wir mal eine ganz einfache Übung.

Hellinger stellt Felizitas in die Mitte und Manuel hinter sie. Er läßt Manuel die Hände auf ihre Schultern legen. Felizitas läßt er sich mit dem Rücken an Manuel anlehnen.

Bild 1

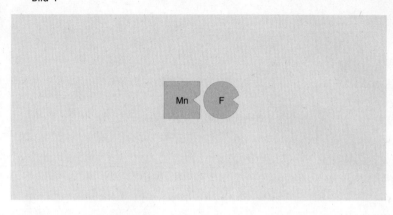

Mn   Mann (= Manuel)
F   Frau (= Felizitas)

Nach einiger Zeit wählt Hellinger einen Stellvertreter für den Vater von Manuel, stellt ihn hinter ihn und läßt ihn die Hände auf die Schultern von Manuel legen.

Bild 2

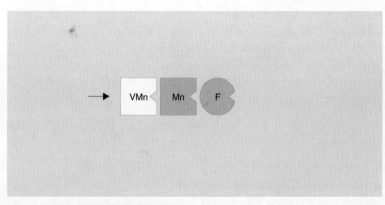

VMn   Vater des Mannes

Wieder nach einer Weile neigt Hellinger den Kopf von Manuel leicht nach vorne, so daß er den Kopf von Felizitas berührt. Etwas später dreht er Felizitas zu Manuel. Beide umarmen sich. Felizitas legt ihren Kopf an seine Brust.

Bild 3

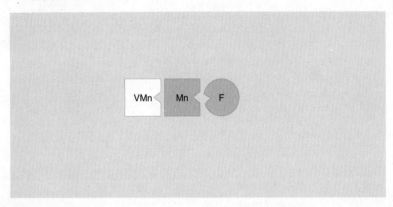

HELLINGER *nach einiger Zeit zu Manuel und Felizitas* Schaut euch in die Augen.
zu Manuel Sag ihr, wenn du kannst: »Ja.« Du mußt ihr in die Augen schauen dabei.
MANUEL *nach einigem Zögern* Ja.
HELLINGER *zu Felizitas* Sag es auch.
FELIZITAS Ja.
HELLINGER Sag: »Gerne.«
FELIZITAS Gerne.
HELLINGER *zu Manuel* Sag es ihr auch.
MANUEL *nach einigem Zögern* Gerne.
HELLINGER Sag es so, daß sie es glaubt. Warte, bis die Seele zustimmt, und schau ihr in die Augen. Du mußt zu zweien ja sagen.

Der Stellvertreter seines Vaters legt wieder die Hände auf Manuels Schultern.

MANUEL *nach einer Weile mit fester Stimme* Ja, gerne.
HELLINGER Gut hast du es gemacht.
zu Felizitas Okay so? *Sie nickt.* Du mußt ihn anschauen. Sag es auch: »Ja, gerne.«
FELIZITAS Ja, gerne.

HELLINGER *nach einer Weile, während sie sich anschauen* Was sonst zu regeln ist von Herkunftsfamilien her, das gehört in einen anderen Kontext. Das hier ist das Wesentliche. Ihr zwei seid die wesentlichen Personen hier.
zu Manuel, der sich eine Träne wegwischt Okay für dich?
MANUEL Ja. Daß es mit meinem Vater zu tun hat, das war mir irgendwie klar. Er ist plötzlich gestorben, und seitdem geht es in unserer Beziehung nicht mehr so richtig. *Er ist sehr bewegt.*
HELLINGER Stell dich jetzt neben die Frau, ihm gegenüber.

Bild 4

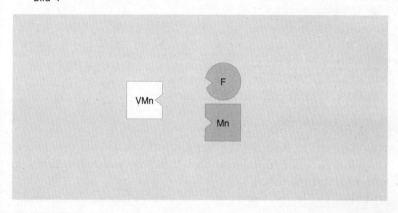

Als Manuel neben Felizitas steht, legt er den Arm um sie und streichelt sie.

HELLINGER *zu Manuel* Sag deinem Vater: »Schau freundlich auf uns und unser Kind.«
MANUEL Schau freundlich auf uns und unser Kind.
HELLINGER »Schau, es geht weiter.«
MANUEL Schau, es geht weiter.
VATER DES MANNES † Das tue ich gerne.
HELLINGER *zu Manuel* Okay?
MANUEL Ja.
HELLINGER *zu Felizitas* Gut so?
FELIZITAS Ja.
HELLINGER Alles Gute für euch und das Kind.

KONRAD UND CÄCILIA

Das Gute ist steigerungsfähig
Paar gestattet sich einen neuen Anfang

HELLINGER *zu Konrad und Cäcilia* Um was geht es?

KONRAD Es geht natürlich um unsere Beziehung. Ich erlebe mich in einer ständigen Anspannung, etwas gut zu tun. Ich glaube, das zieht sich durch mein ganzes Leben.

HELLINGER Sag ihr: »Ich bin gut.« Schau sie an dabei. Sag einfach: »Ich bin gut.«

KONRAD Ich bin gut.

HELLINGER »Und du bist gut.«

KONRAD Und du bist gut.

HELLINGER *zu Cäcilia* Sag es ihm auch.

CÄCILIA Du bist gut, und ich bin auch gut.

Beide lachen sich an.

HELLINGER *zu Konrad* Mit dem Guten ist es wie mit dem Glück. Da gibt es ein Geheimnis. Weißt du das? Es ist etwas steigerungsfähig.

KONRAD Das Gute?

HELLINGER Ja, das Gute. Am besten ist es steigerungsfähig gemeinsam.

Eine Beziehung lebt und entfaltet sich durch die gegenseitige Bestätigung: »Schön, das hat mir jetzt gefallen«, »Das steht dir gut«, »Das hast du jetzt gut gemacht«, »Das hat mir jetzt geschmeckt«. Ganz einfache Sachen, meine ich. Und wenn einem etwas nicht gefällt, kann man sich fragen: »Wer weiß, was gut daran ist?«

Dann gibt es noch ein Geheimnis, wie man die Beziehung festigt und entwickelt. Ein Fluß lebt von der Quelle. Dort entspringt er, von daher entfaltet er sich. Wenn es schwierig wird, geht man zurück an die Quelle, an die erste Begegnung zum Beispiel. Wenn man sich das noch mal vor Augen führt, glänzen vielleicht die Augen und die Gesichter.

Und es gibt noch ein Geheimnis für die gute Paarbeziehung. Über etwas, was mal schiefgelaufen ist oder wo es Probleme gab, wird nicht mehr gesprochen. Es wird einfach nicht mehr davon gesprochen, nicht mal mehr daran gedacht. Das kann man machen. Die Könner, die können das.

KONRAD *zu Hellinger* Sie hat gerade gefragt, ob wir das können. Ich habe zu ihr gesagt: Ja, das schaffen wir.

HELLINGER Gut. Es gibt noch ein Geheimnis für gute Paarbeziehungen. Das geht mit dem zusammen, was ich gerade gesagt habe: Man gestattet sich gegenseitig einen neuen Anfang.

zu Konrad Sonst noch was?

KONRAD Kannst du sie fragen?

HELLINGER *zu Cäcilia* Sonst noch was?

CÄCILIA Nein, das ist sehr einleuchtend.

HELLINGER Ist euer Anliegen erfüllt, oder ist noch ein Anliegen da?

CÄCILIA Es ist eigentlich genug.

KONRAD Ja, es ist genug

HELLINGER Das finde ich auch. So ein erprobtes Paar wie ihr macht den Rest selbst.

Beide lachen.

LEO UND HELGA

»Ich lasse dich ziehen mit Liebe«
Trauer um zwei verstorbene Frauen

HELLINGER *zu Leo und Helga* Was ist bei euch?

LEO Wir sind seit dreieinhalb Jahren zusammen, wohnen seit zweieinhalb Jahren zusammen und stellen seit ungefähr einem Jahr fast täglich riesengroße Unterschiede zwischen uns fest, die uns in den letzten Monaten immer wieder überlegen lassen, ob es sinnvoll ist, an diesen Unterschieden zu arbeiten.

HELLINGER Was war eigentlich vorher? Da muß ja was gewesen sein?

LEO Ich hatte zwei feste Beziehungen, die beide Male mit dem Tod der Partnerin endeten.

HELLINGER An was sind sie gestorben?

LEO Die erste Frau starb innerhalb von drei Tagen an einer geplatzten Ader im Gehirn. Mit ihr war ich nicht verheiratet. Die zweite Frau,

mit der ich verheiratet war, starb bei einem Verkehrsunfall in Namibia im Urlaub, den wir dort zusammen erlebt haben.
HELLINGER Wer ist gefahren?
LEO Ein anderer. Wir waren zu siebt unterwegs, und einer von der Gruppe ist gefahren. Dabei ist der Unfall passiert. Das war mitten in der Wüste, und bis eine Rettung ins Laufen kam, vergingen eineinhalb Stunden. Da kommt natürlich bei uns auch immer wieder die Frage auf, inwieweit bringe ich diese Erlebnisse in unsere Beziehung.
HELLINGER Du wählst jetzt zwei Stellvertreterinnen für die toten Frauen aus und einen für den Fahrer.

Nachdem Leo die Stellvertreter ausgewählt hat, stellt Hellinger sie und Leo in Beziehung zueinander.

Bild 1

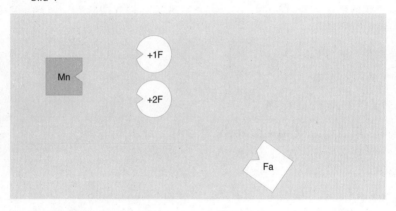

Mn	Mann (= Leo)
+1F	Erste Frau, starb an einer geplatzten Ader
+2F	Zweite Frau, starb bei einem Verkehrsunfall
Fa	Fahrer des Unfallwagens

HELLINGER Ich warte jetzt ein bißchen, bis ich sehe, wie es euch geht.
nach einer Weile zu Leo Geh zu deiner zweiten Frau und halte sie fest. Halt sie fest, ganz nach deinem Gefühl.

Er geht zu ihr hin, und beide umarmen sich innig und lange. Dann lösen sie die Umarmung und schauen sich in die Augen. Danach umarmen sie sich wieder für lange Zeit, lösen sich wieder und schauen sich wieder in die Augen.

HELLINGER *zu Leo* Stell dich neben sie und leg den Arm um sie.

Er stellt sich neben sie, und beide legen von hinten die Arme umeinander.

Bild 2

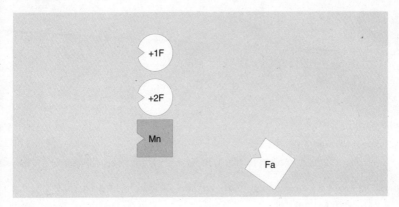

Beide umarmen sich wieder tief bewegt.

HELLINGER *zu Leo* Gib der Bewegung nach, wie sie will. Tief atmen, mit offenem Mund.
nach einiger Zeit, als sie sich wieder lösen, zu Leo Jetzt sag ihr: »Ich lasse dich ziehen.«
LEO Ich lasse dich ziehen.
HELLINGER »Mit Liebe.«
LEO Mit Liebe.

Leo schluchzt heftig. Beide umarmen sich wieder.

HELLINGER Gib dem Schmerz nach. »Ich lasse dich ziehen mit Liebe.«

HELLINGER *wieder nach langer Zeit, als sie sich lösen, zu Leo* Jetzt stelle dich zwischen beide Frauen und leg den Arm um beide.

Bild 3

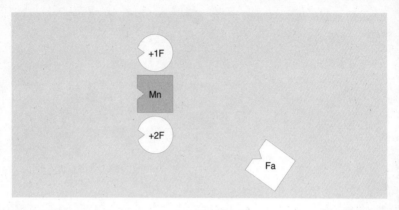

Alle drei legen von hinten die Arme umeinander und schauen sich an.

HELLINGER *nach einer Weile zu Leo* Wie geht es dir jetzt?
LEO *seufzt* Leichter.
HELLINGER Du hast damals nicht voll getrauert. Das hast du jetzt ein Stück nachgeholt. Das ehrt die toten Frauen. Deine Trauer ehrt die toten Frauen. Bewahre sie im Herzen, beide, und dann mußt du sie nach einiger Zeit aus deinem Herzen ziehen lassen. Sonst haben die Toten keinen Frieden, wenn man sie nicht ziehen läßt. Ist da irgendein Gefühl zum Fahrer dahinten?
LEO *nach einigem Zögern* Vergebung.
HELLINGER Vergeben darf man nicht. Aber laß ihn da stehen ohne Vorwurf.
LEO Ja.
HELLINGER Das ist es. Du läßt ihn stehen ohne Vorwurf. Okay?
LEO Ja.
HELLINGER *zum Unfallfahrer* Was ist bei dir?

FAHRER Ich möchte ein bißchen zurückgehen.
HELLINGER Tu.

Bild 4

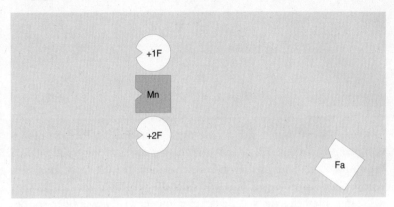

HELLINGER *zur Gruppe* Jeder Vorwurf würde die Trauer behindern.
zur verstorbenen zweiten Frau Wie geht es jetzt dir?
ZWEITE FRAU † Mir geht es jetzt gut. Davor war es gar nicht gut. Da war einfach eine ganz starke, gefühlsmäßige Bindung an ihn. Jetzt ist es gut.
HELLINGER *zu Leo* Sie konnte nicht los, weil du nicht getrauert hast, nicht voll getrauert hast. Das kam jetzt hier.
zur verstorbenen ersten Frau Bei dir jetzt?
ERSTE FRAU † Jetzt ist es auch gut.
HELLINGER Gut, das war's.

Leo setzt sich wieder neben Helga.

HELLINGER *zu Helga* Verstehst du ihn jetzt besser?
HELGA Es ist jetzt etwas herausgekommen, was ich schon lange gefühlt habe, das mit dem Trauern. Es war lange schon mein Gefühl, daß das gefehlt hat.
HELLINGER Du mußt ihn sehen mit den toten Frauen. Dann verstehst du ihn besser, und du kannst die toten Frauen vertreten.

Leo und Helga schauen sich an und lächeln sich zu. Leo legt den Arm um sie. Helga legt die Hand auf seinen Oberschenkel.

HELLINGER *zu Helga* Nimm die Liebe von denen auf. Dann ist es gut.

zu Leo und Helga Schaut euch ruhig an. Das ist keine erste Liebe, sondern eine reife Liebe. Die hat eine andere Qualität.

Beide nicken.

HELLINGER Gut, da laß ich's dann.

Die Trauer

Es scheint, wenn man auf die Wirkungen sieht, daß die Toten nur langsam weggehen von uns, so, als würden sie noch in der Nähe bleiben für einige Zeit. Jene bleiben besonders lange, für die nicht getrauert wurde oder die nicht geachtet sind oder die vergessen wurden. Besonders lange bleiben jene, von denen man nichts wissen will oder vor denen man Angst hat.

Die Trauer gelingt, wenn man sich dem Schmerz überläßt und durch den Schmerz die Toten achtet und würdigt. Wenn die Toten betrauert und gewürdigt sind, ziehen sie sich zurück. Dann ist für sie das Leben vorbei, und sie können tot sein.

Von Rilke gibt es ein Gedicht über Orpheus, Eurydike, Hermes. In ihm sagt er von Eurydike: »Sie war in sich. Und ihr Gestorbensein erfüllte sie wie Fülle.«

Totsein ist Vollendung. Wenn wir dieses Bild von den Toten haben, ist unsere Haltung ihnen gegenüber anders. Das gilt auch für die ganz früh Verstorbenen, auch für die Kinder, die tot geboren wurden. Wir haben da vielleicht die Vorstellung, sie hätten etwas versäumt. Was sollen sie denn versäumt haben? Denn das Wesentliche bleibt vorher und nachher. Aus ihm tauchen wir durch das Leben auf, und dorthin sinken wir nach dem Leben zurück.

Wenn wir die Toten loslassen, wirken sie wohltuend auf uns zurück, ohne daß sie uns bedrängen und ohne daß es einer besonderen Anstrengung von unserer Seite bedarf. Wer dagegen lange trauert, hält die Toten fest, obwohl sie gehen wollen. Das ist schlimm, sowohl für die Lebenden wie für die Toten. Die lange Trauer finden wir oft dort, wo jemand dem Toten noch etwas schuldet und es nicht anerkennt.

Liebende trauern nicht sehr lange. Freud hat das bei Präsident Wilson beobachtet. Als der ein Jahr nach dem Tod seiner Frau wieder geheiratet hat, schrieb er: Das ist ein Zeichen, daß er seine erste Frau sehr geliebt hat. Wenn man geliebt hat und getrauert hat, darf das Leben weitergehen, und die geliebten Toten stimmen dem zu.

AUS DEM KURS IN HAMBURG

CORDULA »Tu was!«
Lebensbedrohlicher Herzfehler (Aortenstenose)

HELLINGER *zu Cordula* Um was geht es?
CORDULA Ich habe eine Aortenklappenstenose und will mich nicht operieren lassen. Es gibt dafür keinen vernünftigen Grund – außer, daß ich einen Widerstand dagegen habe. Wenn ich mich aber nicht operieren lasse, dann – so sagen die Ärzte – schlägt mein Herz nicht mehr lange.
HELLINGER Stelle zwei Personen auf.
CORDULA Zwei Personen?
HELLINGER Ja, dein Herz und dich.
als Cordula die Stellvertreter ausgewählt hat Stelle sie in Beziehung zueinander.

Bild 1

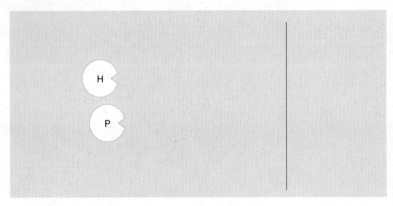

H   Herz
P   Patientin, Stellvertreterin von Cordula

HELLINGER *zu den Stellvertretern* Ich sage gar nichts, ich überlasse euch eurer Bewegung. Gebt ihr nach, wie ihr wollt.

Das Herz wird ganz unruhig, greift sich ans Herz, rennt auf der Bühne umher, auf und ab und schließlich dem Ausgang zu und aus der Tür. Auch Cordula greift sich ans Herz.

Bild 2

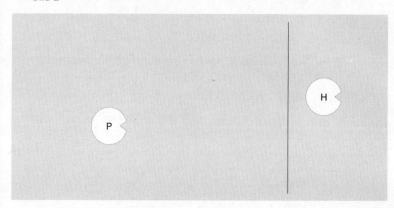

HELLINGER *zur Stellvertreterin von Cordula, als diese dem Herz unschlüssig nachschaut* Ja, tu was! Ja, los, tu was!

Sie rennt hinter dem Herzen her, ihm nach aus der Tür.

HELLINGER *zum Publikum, als dieses laut lacht* Nein, nein, ihr müßt ruhig sein. Hier geht es ja um Leben und Tod!

Hellinger sieht durch die offene Tür, wie sich die Stellvertreterin von Cordula um das Herz bemüht.

nach einer Weile zu Cordula Geh hin und schau es dir an.
zur Gruppe Ihre Stellvertreterin streichelt das Herz und müht sich um das Herz. Ich kann es von hier aus sehen.

Cordula holt das Herz und ihre Stellvertreterin wieder herein und stellt sich mit ihnen vor Hellinger.

Bild 3

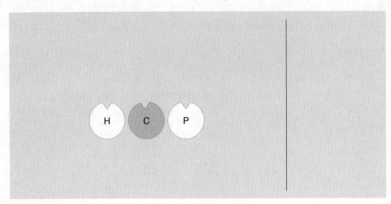

C   Cordula

CORDULA Es ist für mich recht seltsam, was da passiert.
HELLINGER Was wirst du tun?
CORDULA Ich will die zusammenbehalten.
HELLINGER Und wie wirst du das machen?
CORDULA Ja, die müssen irgendwie zusammenbleiben.
HELLINGER Was heißt das für die Praxis?
CORDULA Ja, das Herz soll sich wohl fühlen bei mir.
HELLINGER Und wie kann es das?
CORDULA Indem ich ihm gute Bedingungen schaffe.
HELLINGER Und was ist die nächste gute Bedingung?
CORDULA Es wohl operieren lassen.
HELLINGER Genau, du mußt es operieren lassen.
Okay, das war's.

zur Gruppe Es ist schon seltsam, was da manchmal abläuft. Ich habe nichts gemacht, ich habe nicht mal den Pfeil auf den Bogen gelegt. Er ist von alleine auf den Bogen und ist losgeschrammt. So etwas kann ablaufen, wenn man sich dem überläßt und wenn der Therapeut es einzig aus der Bewegung ablaufen läßt.

Ich hatte da noch so ein merkwürdiges Erleben. Im Januar hielt ich einen Kurs für Krebskranke für die österreichische psychoonkologische Gesellschaft. Da war eine Frau dabei, die schwer krebskrank war. Ich habe mit ihr gearbeitet, aber es ging nicht. Ich mußte unterbrechen. Sie war ganz abgeschirmt. Am nächsten Tag sagte sie: »Ich muß unbedingt etwas machen. Es ist mir etwas ganz Schreckliches in den Sinn gekommen.« Ich sagte ihr: »Ja, komm her.« Dann sagte sie, ihr ist plötzlich eingefallen, sie hat zwei Kinder abgetrieben. Dabei hat sie am ganzen Leib gezittert. Dann sagte sie: »Das Merkwürdige, was mir passiert ist, war: Als ich operiert war an Krebs und gerade aus der Narkose aufgewacht bin, kam meine erwachsene Tochter und sagte: »Mama, bei uns zu Hause haben zwei Kinder geschrien. Ich habe sie dir jetzt mitgebracht.« Dann hat sie ihr diese Kinder symbolisch auf die Schultern gesetzt. Das waren die abgetriebenen Kinder. Die Tochter wußte aber nichts davon.

So kann etwas wirken, wenn man sich auf diese Ebene begibt. Es ist unheimlich, was da manchmal passiert. Dann konnte diese Frau die beiden Kinder wirklich in ihr Herz nehmen. Auf einmal war sie wie eine blühende Frau. Sie ist ganz aufgeblüht und konnte jetzt ihr System stellen.

MATHILDE   »Ich komme bald«
Zustimmung zum Tod

HELLINGER *zu Mathilde* Du bist schwer krank?
MATHILDE Vor zweieinhalb Jahren wurde mir die rechte Brust abgenommen. Ich hatte mich nach eineinhalb Jahren recht gut erholt und schon gedacht, ich habe es geschafft. Aber seit neun Monaten habe ich ein Rezidiv an der gleichen Stelle, und das schmeißt mich so nieder. Ich habe mir in der letzten Zeit auf Anraten auch alle Zähne ziehen lassen. Deshalb konnte ich sehr wenig essen. Ich wiege im Moment noch 40 kg und sitze nur auf den Knochen. *Sie ist sehr bewegt.*
HELLINGER Mach die Augen zu, neige ganz leicht den Kopf, ganz leicht, und sag innerlich: »Ja!«
als sie den Kopf zu ihm wendet Warte, wir haben Zeit. Laß es sich ausbreiten in deinem Körper, das Ja, bis es alles erfaßt, die Brust und das Herz, die ganze Seele ... »Ja«. Und den Tod ... bis Frieden ist ...

Stelle dir die Toten vor aus deiner Familie und sag ihnen: »Ich komme bald.«... Sag es innerlich: »Ich komme bald, mit Liebe.«

Sie neigt nach einer Weile den Kopf.

HELLINGER Das ist die Bewegung. Bleib bei der Bewegung. Das ist die Hingabe.

Sie neigt ihren Kopf noch tiefer.

HELLINGER Ja, geh mit der Bewegung, ganz schlicht.
nach einer Weile Wie geht es dir jetzt?
MATHILDE Es wird ruhiger.
HELLINGER Gut, genau.
als sie den Kopf zu ihm wendet Darf ich's da lassen?
MATHILDE *zögert* War das alles?
HELLINGER Es war das Größte.
MATHILDE Daß ich bald in den Tod gehe?
HELLINGER Daß du hinschaust und ihm zustimmst.
nach einer Weile, als sie nickt Ich führe dir noch etwas vor. Okay? *Sie nickt.* Ich wähle einen Stellvertreter für den Tod. Ist der Tod ein Mann oder eine Frau?
MATHILDE Viele, meine Mutter, mein Vater, mein leiblicher Vater, mein Bruder, ein kleiner Sohn, die Großeltern, alles. Ich habe nur noch meine Kinder.
HELLINGER *zur Gruppe* Sie hat das umgewandelt, und ich folge ihr, wie sie mir es jetzt gesagt hat.

Hellinger wählt sieben Stellvertreter für die Toten aus Mathildes Familie und stellt diese nebeneinander. Dann bittet er die Therapeutin von Mathilde, sie zu vertreten, und stellt sie neben die Toten.

Bild 1

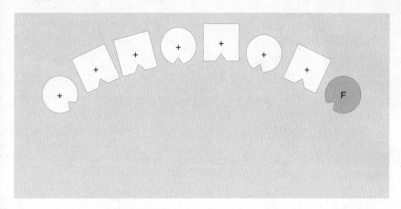

+	Verstorbene aus Mathildes Familie
F	Frau (= Mathilde)

HELLINGER *zur Stellvertreterin von Mathilde* Wie geht es dir da?
FRAU *weint* Es ist unendlich traurig hier.
HELLINGER Schau die Toten an und sag ihnen: »Ich komme auch.«
FRAU *weinend* Ich komme auch.
HELLINGER *zu den Toten* Schaut hier herüber, alle.
FRAU Ich komme auch. – Da ist so ein Widerstand. Eigentlich will ich gar nicht.

Nach einer Weile stellt Hellinger die Stellvertreterin von Mathilde vor die Toten und fordert diese auf, einen engen Kreis um sie zu bilden.

Bild 2

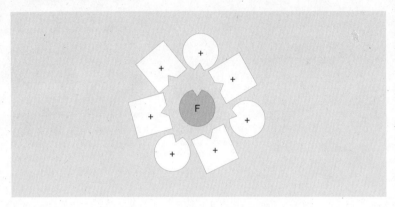

Die Toten strecken die Hände nach ihr aus und berühren sie.

HELLINGER *zur Stellvertreterin von Mathilde* Mach die Augen auf. Schau dich um mit offenen Augen. Sag ihnen: »Ich komme bald.«
FRAU Ich komme bald. *Sie seufzt.*
HELLINGER *nach einer Weile* Wie geht es dir jetzt?
FRAU Es wird ruhiger. Das Zittern hört auf. Ich kann jetzt kommen.
HELLINGER Okay, das war's.
zu Mathilde Kann ich es jetzt lassen?
MATHILDE *nickt* Ja.

HANS   Die Achtung
Kinderlähmung

HELLINGER *zu Hans im Rollstuhl* Du hattest Kinderlähmung, hast du mir gesagt?
HANS Ja.
HELLINGER In welchem Alter?
HANS Kurz vor dem zweiten Geburtstag.
HELLINGER Wie gehst du mit der Krankheit um?

HANS Ich bin jetzt an einem Punkt, wo ich merke, daß ich in meinem Leben nicht zur Ruhe komme. Die Beeinträchtigungen fordern mich ständig heraus, sie auszugleichen, und es ist auch familiär zu viel durcheinander.

HELLINGER Was heißt familiär?

HANS Familiär heißt, daß meine zweite Frau gerade unser Zusammenwohnen beendet hat. Es ist eine Trennung mit einer gewissen Offenheit. Ich lebe seit ein paar Wochen alleine. Ich schaue jetzt zurück und sehe, daß es immer viel Umtriebe gegeben hat.

HELLINGER Du warst vorher schon verheiratet?

HANS Ja.

HELLINGER Wie lange?

HANS In der ersten Beziehung 17 Jahre.

HELLINGER Hast du Kinder?

HANS Ja.

HELLINGER Wie viele?

HANS Sieben. Vier aus der ersten Ehe und drei aus der zweiten.

HELLINGER Achtest du deine Frauen?

HANS Die erste mehr als die zweite.

HELLINGER Wieso ist die erste Ehe auscinandergegangen?

HANS Es ist nicht leicht zu sagen, es hat nach einer vielleicht dreißigjährigen stabilen Phase dieses Zustandes nach Polio einen Einbruch gegeben, den ich praktisch erst im nachhinein mit fünf, sechs Jahren Verspätung als solchen begriffen habe. Im Zuge des Wachstums der ersten Familie ist eine Überforderung eingetreten, die mich zur Flucht veranlaßt hat.

HELLINGER Wieso hat deine erste Frau einen behinderten Mann geheiratet?

HANS Das ist schwer zu sagen. Sie hat von Kindheit an Krankenschwester werden sollen, und ich nehme an, daß sie immer einen Hilfsimpuls hatte.

HELLINGER Achtest du sie?

HANS Ja.

HELLINGER Nein!

nach einer Weile zu einem Teilnehmer neben ihm Wie er von ihr geredet hat, hat er sie geachtet?

TEILNEHMER Nein.

HELLINGER »Sie hatte halt einen Hilfsimpuls!«

HELLINGER *nach einer Weile* Ich habe eine radikale Auffassung. Die heißt: Wenn jemand ein schweres Schicksal hat, wie zum Beispiel Kinderlähmung, dann darf er die Folgen davon niemandem aufbürden. Wenn sich jemand bereit erklärt, es mit ihm zu tragen, ist das etwas Unglaubliches, etwas ganz Besonderes, das man nur mit tiefer Demut und Dankbarkeit annehmen kann.

nach einer Weile Es ist der, der mehr bekommt, als er gibt, der geht. Der hält das dann nicht aus. Das ist die wahre Überforderung.

HANS Kannst du das noch mal sagen?

HELLINGER Wenn es ein Ungleichgewicht gibt in einer Beziehung, daß einer mehr geben muß, als er bekommt – wenn jemand einen Behinderten heiratet, ist das immer der Fall, denn der Behinderte bekommt mehr, als er geben kann –, dann geht der, der mehr bekommt, weil er das nicht aushält. Es sei denn, er ist sehr demütig. Dann kann er es nehmen, und der andere kann bleiben, weil das Besondere gewürdigt ist. Macht das jetzt Sinn für dich?

HANS Ja, das macht Sinn.

HELLINGER Da ist jetzt etwas nachzuholen deiner ersten Frau gegenüber. Das ist diese tiefe Achtung. Das mußt du auch deinen Kindern vermitteln, die tiefe Achtung für deine erste Frau. Und genauso deiner zweiten Frau gegenüber. Ich lasse dich damit erst einmal. Ist das für dich okay so?

HANS Es ist in Ordnung.

TEILNEHMERIN Ich würde gerne etwas mehr über das Wesen der Verachtung erfahren.

HELLINGER Ich kann dir sagen, wie man sie los wird.

TEILNEHMERIN Das habe ich eben gehört.

HELLINGER Es ist eine kleine Kopfbewegung, vom erhobenen Haupt zum geneigten. So.

TEILNEHMERIN Danke.

MELANIE   »Hier ist mein Platz«
Wirbelbrüche und Krebs

HELLINGER *zu Melanie* Um was geht es?
MELANIE Es geht um sehr viel Krankheit, ziemlich von Beginn meines Lebens an, die immer schwerer wurden.
HELLINGER Welche Krankheiten?
MELANIE Immunschwächen, später sehr viele Unfälle, Wirbelbrüche, Muskeldystrophie und dann Krebs.
HELLINGER Was für ein Krebs?
MELANIE Brustkrebs. Das Schlimmste ist für mich, wie ich mit mir selbst umgehe, daß ich es einfach nicht schaffe, Wertschätzung oder Selbstachtung zu haben. Dann ist ein ganz großes Thema, auch schon als Kind, Schmerz, körperlicher Schmerz. Ich kann mir selbst nicht helfen.
HELLINGER Bist du verheiratet?
MELANIE Ich war vor vielen Jahren mal drei Jahre verheiratet.
HELLINGER Hast du Kinder?
MELANIE Nein, das ging damals nicht, schon wegen dieser Wirbelbrüche.
HELLINGER Dann stellen wir mal deine Herkunftsfamilie auf. Wer gehört dazu?
MELANIE Vater, Mutter, Bruder.

139

HELLINGER Okay, stell auf.

Bild 1

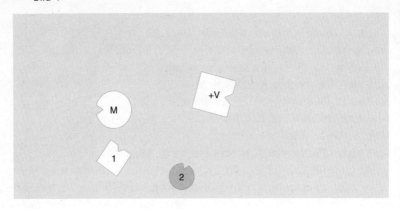

+V   Vater, im Krieg gefallen, als Melanie 9 Jahre alt war
M   Mutter
1   Erstes Kind, Sohn, hatte Kinderlähmung
2   **Zweites Kind, Tochter (= Melanie)**

HELLINGER Haben sich die Eltern scheiden lassen?
MELANIE Nein, mein Vater ist nur sehr früh gestorben.
HELLINGER Wie alt warst du da?
MELANIE Als er in den Krieg ging, war ich drei Jahre. Dann habe ich ihn eigentlich kaum noch gesehen, und als ich neun war, ist er gefallen.
HELLINGER Die Mutter hat nicht mehr geheiratet?
MELANIE Nein. Sie hat dann Selbstmordversuche gemacht. Mein Bruder war, bevor er starb, völlig gelähmt durch Kinderlähmung.
HELLINGER Das ist schwer. Diese Familie hat ein schweres Schicksal.
zur Stellvertreterin der Mutter Was ist bei dir?
MUTTER Ich kann nicht stehen.

Hellinger stellt sie neben ihren Mann.

Bild 2

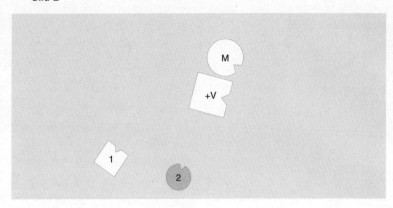

HELLINGER Wie ist es jetzt?
MUTTER Gut so.
HELLINGER *zum Vater* Bei dir?
VATER † Kraft und Traurigkeit, beides. Ich kann sie auch halten.
MUTTER *seufzt* Sonst falle ich um.
HELLINGER *zum Vater* Leg den Arm um sie.
zum Sohn Stell dich auch daneben, ganz nah.

Bild 3

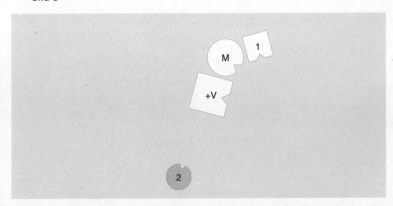

HELLINGER *zur Stellvertreterin von Melanie* Wie geht es dir?
ZWEITES KIND Ich habe starke Rückenschmerzen, und mir ist zum Weinen. Aber es kommt gar nichts raus, es ist alles ganz fest.

HELLINGER Stell dich neben deinen Bruder und leg den Arm um ihn.

Sie legt den Arm um ihren Bruder, und er legt den Arm um sie. Der Vater schaut zu ihr.

Bild 4

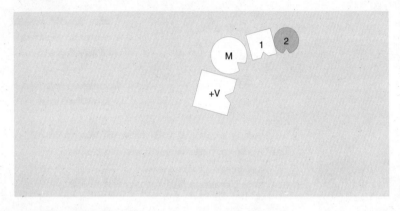

HELLINGER Jetzt nehmt euch alle gegenseitig in den Arm.

Sie umarmen sich gegenseitig und lehnen die Köpfe aneinander.

Bild 5

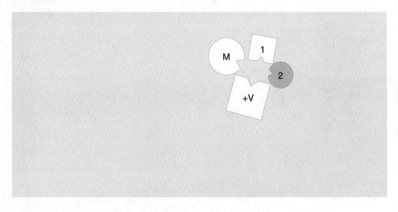

HELLINGER *nach einer Weile, als sie sich lösen* Was ist jetzt?
VATER † *seufzt* Die Trauer bleibt, obwohl es angenehm ist. Aber irgend etwas macht es ganz schwer.

MUTTER Ich spüre trotz allem eine ganz tiefe Ruhe mit allen zusammen. Das ist das Richtige.

ERSTES KIND Ich hab auch das Gefühl, daß es richtig ist, so zusammen zu sein.

ZWEITES KIND Ich bin erst ganz ruhig geworden. Als ich ruhig war, war die Verbindung zwischen allen da. Ich habe mein Herz gespürt und das der anderen. Das ist ein sehr schönes Gefühl mit viel Wärme.

HELLINGER Okay, ich laß es da.

HELLINGER *zu Melanie* Das ist die Verbindung, die dir Kraft gibt.

MELANIE Ich habe vorhin vergessen zu sagen, daß ich immer so wahnsinnige Schuldgefühle habe. Wenn irgendeine neue Krankheit kommt, dann mache ich mich fertig. Ich weiß nicht, warum sie da ist, und meine Wertschätzung sinkt noch mehr ab.

HELLINGER Bleib bei dem Bild und sag ihnen innerlich: »Hier ist mein Platz; ich gehöre dazu und ich bleibe bei euch.« Sag es innerlich. In dieser Familie ist ganz tiefe Liebe und keinerlei Vorwurf, überhaupt nicht. Aber tiefer Schmerz, das ist alles. Wenn der Raum hat, dann kommt Frieden. Okay so?

Melanie weint.

HELLINGER Mach die Augen zu ... Tief atmen ... Genau, das ist es ... Bleib so ... Tief atmen. So, das ist es ... Mit offenem Mund atmen ... Ja, das ist es ... Lehn dich an mich, so.

Melanie lehnt ihren Kopf an Hellingers Schulter. Dieser legt den Arm um sie. So weint sie lange.

MELANIE *als sie sich löst* Ich habe das Gefühl, daß ich nicht mehr kämpfen muß. Ich habe mein ganzes Leben immer gekämpft.

HELLINGER Jetzt kommt Frieden. Okay?

MELANIE Danke schön, danke.

HELLINGER *zur Gruppe* In der Seele gibt es einen Sog hin zu den Toten und zum Sterben. Das ist eine ganz sanfte, tiefe Bewegung. Die ganze Lebensbewegung ist ja eine, die wieder dorthin zurück will, von wo sie aufsteigt. Dorthin, von wo das Leben aufsteigt, dahin zieht es das Leben zurück. Man konnte das hier sehen, diese ganz tiefe, sanfte Bewegung. Um wieviel größer und tiefer ist sie als das sogenannte

Glück. Wer mit dieser Bewegung geht, der ist in vollem Einklang mit allem, was immer es ist.

zu Melanie Manchmal kommt aus dieser Bewegung, aus dem Mitgehen mit ihr, ein Aufwind, so eine Thermik, die einen aufrichtet; denn manche gehen mit der Bewegung zu früh, vor der Zeit. Das ist dann schlimm. Sie muß genau richtig sein.

MELANIE Sie gehen zu früh in den Tod.

HELLINGER Ich seh's, du hast jetzt Aufwind bekommen. Okay.

GERTRUD Die Größe

Mutter eines spasmisch gelähmten Kindes

HELLINGER *zu Gertrud* Wir haben doch schon mal gearbeitet?

GERTRUD Ja, vor eineinhalb Jahren.

HELLINGER Und hat's nichts geholfen?

GERTRUD Doch.

HELLINGER Wieso bist du wieder hier?

GERTRUD Weil das Leben weitergeht und ich wieder Fragen habe.

HELLINGER Um was geht es?

GERTRUD Ich selbst habe Diabetes seit 13 Jahren. Ich habe eine Tochter, zehn Jahre alt, die schwerbehindert ist. Sie ist spasmisch gelähmt. Und ich hatte einige Schwangerschaftsunterbrechungen, weil es bei uns in der Familie mütterlicherseits eine Erbkrankheit gibt, an der meine Mutter, meine Oma und drei meiner Tanten gestorben sind und an der zwei meiner Geschwister auch noch sterben werden. Meine ältere Schwester hatte einen Verkehrsunfall, kurz bevor meine Mutter starb, bei dem sie tödlich verletzt wurde. Ich weiß eben nicht weiter. Ich fühle so eine große Mauer, einen Widerstand und eine Schuld gleichzeitig bei allem.

HELLINGER Betrifft diese Erbkrankheit auch dich?

GERTRUD Nein.

HELLINGER Was für eine Krankheit ist das?

GERTRUD Chorea Huntington.

HELLINGER Was haben wir damals gemacht?

GERTRUD Du hast auf die Bühne geholt die verstorbenen Verwandten von mir und meinen Bruder, der schon krank ist. Damals war aber nicht meine verunfallte Schwester dabei. Ich habe mich dann zusammen mit meiner Tochter vor allen verbeugt und gesagt, daß ich noch ein bißchen weiterlebe.

HELLINGER Was ist mit dem Vater von deinem Kind?

GERTRUD Wir sind seit zwei Jahren getrennt. Wir waren nicht verheiratet. Sein Bruder hat vor einigen Jahren Selbstmord gemacht, und seine Eltern sind auch geschieden.

HELLINGER Wir stellen drei Personen auf: dich, das Kind und den Vater des Kindes.

Bild 1

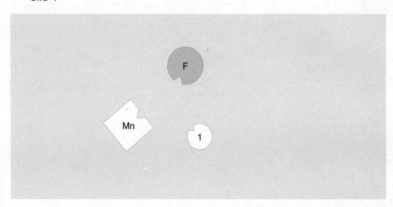

Mn   Mann
F   **Frau (= Gertrud)**
1   Einziges Kind, Tochter, spasmisch gelähmt

Als Gertrud aufgestellt hat, setzt sie sich und weint.

HELLINGER *nach einer Weile* Ich stell dich gleich an deinen Platz. *als sie dort steht* Jetzt richte dich innerlich auf, zu deiner vollen Größe. Mach die Augen auf und fühle die vielen Toten hinter dir, wohlwollend. – Und jetzt schaust du die Tochter an, aus dieser Kraft, und sag ihr: »Liebes Kind.«

GERTRUD Liebes Kind.

HELLINGER »Ich nehme dich zu mir.«

GERTRUD Ich nehme dich zu mir.

HELLINGER »Ich bin immer deine Mutter.«

GERTRUD Ich bin immer deine Mutter.
HELLINGER Nimm sie zu dir.

Gertrud geht auf ihre Tochter zu, und beide umarmen sich innig. Gertrud wiegt sie sachte.

HELLINGER *nach einer Weile* Stelle sie neben dich und leg den Arm um sie.

Bild 2

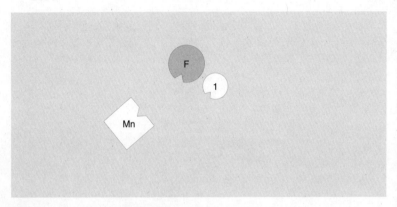

HELLINGER *zu Gertrud* Wie geht es dir?
GERTRUD Ja, ein bißchen befreiter.
HELLINGER Du mußt groß bleiben. Jetzt schaust du den Mann an und sagst ihm: »Was immer du machst, ich bleibe ihre Mutter.«
GERTRUD Was immer du machst, ich bleibe ihre Mutter.
HELLINGER Wie ist das?
GERTRUD Ich werde ein bißchen größer.
HELLINGER Genau, deine gemäße Größe.
zur Tochter Wie geht es dir?
TOCHTER Mir geht es gut neben ihr. Das war eine große Veränderung, als du gesagt hast: »Denk an die Toten, die hinter dir stehen.« Da ist sie sehr gewachsen.
HELLINGER *zum Mann* Wie geht es dir?
MANN Ich hab eine Sehnsucht zur Frau. Die Tochter scheint nicht so eine große Rolle zu spielen für mich.

HELLINGER Stelle dich neben die Tochter und leg auch den Arm um sie.

Bild 3

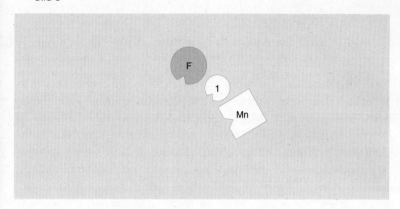

HELLINGER *zum Mann* Wie ist das?
MANN *nach einigem Zögern* Fremd.
HELLINGER *zur Tochter* Für dich?
TOCHTER Für mich ist es gut. Ich habe vorhin schon seine Stärke gefühlt und habe mich danach gesehnt.
HELLINGER *zu Gertrud* Für dich?
GERTRUD Ich habe als erstes ihren festeren Stand gespürt und finde es schön, wenn er da steht.
HELLINGER Schau ihn an und sag: »Bitte.«
GERTRUD Bitte.
HELLINGER *zum Mann* Sag: »Ja.«
MANN Ja.
HELLINGER Wie ist das?
MANN Gut.
HELLINGER *schaut Gertrud an* Manchmal geschehen Wunder in der Seele. Kann ich es so lassen für dich?
GERTRUD *nickt* Es ist gut.
HELLINGER Okay, das war's.

AUS DEM KURS IN ZÜRICH 2

»Mir geht es gut«
Mann starb bei Autounfall, den die Frau verursacht hat

TEILNEHMER Im Herbst des letzten Jahres wollte ein Ehepaar an einem Kurs von mir teilnehmen. Es sind Verwandte meiner Frau, die wir erst kürzlich entdeckt haben. Kurz vor dem Seminar erhalte ich die Nachricht, daß sie in Frankreich verunglückt sind. Die Frau ist mit dem Auto gefahren und hat einen schweren Verkehrsunfall verschuldet. Der Mann ist tot, die Frau war schwer verletzt und ist beinahe gestorben. Aber sie kommt wohl durch, es sieht so aus, als wenn sie sich erholt. Ich werde demnächst zu ihr gehen, und das macht mir Angst. Ich weiß nicht, was ich ihr sagen kann.

HELLINGER Die Frau wird ihrem Mann nachfolgen wollen in den Tod. Stell das mal auf: die Frau und den toten Mann.

Bild 1

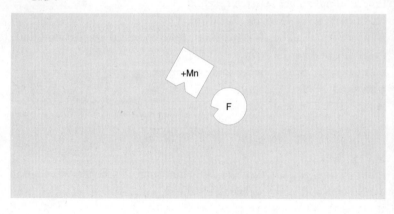

F   Frau
+Mn   Mann, kam bei einem Autounfall, den seine Frau verschuldet hat, ums Leben

Der Mann schaut zur Frau, sie schaut nach vorne. Dann schaut er nach vorne, und sie schaut zu ihm. Nach einer Weile treffen sich ihre Blicke kurz. Die Frau schaut sofort wieder nach vorne, er aber schaut sie lange an. Als sie ihren Blick wieder zu ihm wendet, wendet er sich ab, dann schaut auch sie wieder nach vorne. Er wendet seinen Blick kurz zu ihr und schaut dann zu Boden. Danach schauen sich beide an, aber nur kurz, dann schaut die Frau wieder weg. Die Frau atmet tief, macht eine hilflose Bewegung mit der linken Hand und weint. Der Mann schaut weg und zu Boden, dann wendet er seinen Blick wieder der Frau zu. Beide schauen sich etwas länger an, aber bald wendet die Frau ihren Blick wieder ab. Der Mann schaut zu Boden und wendet dann seinen Blick der Frau zu.

HELLINGER Wie geht es dem Mann?
MANN Mir geht es ganz gut. Ich bin sehr für mich und schaue sehr klar. Ich bin ihr sehr verbunden.
HELLINGER Sag ihr: »Mir geht es gut.«
MANN Mir geht es gut.

Die Frau schaut ihn kurz an, seufzt tief und schaut wieder weg.

HELLINGER *zur Frau* Schau ihn an.
zum Mann Sag es ihr noch mal: »Mir geht es gut.«
als die Frau wieder wegschaut Du mußt ihn anschauen.
MANN Mir geht es gut.

Die Frau schaut ihn an, ist sehr bewegt und weint und schaut wieder weg.

HELLINGER *zur Frau* Was ist?
FRAU Meine Zähne klappern, und meine Hände sind ganz schwer.
HELLINGER Schau ihn an.
zum Mann Sag es ihr noch einmal.
MANN Mir geht es gut.
HELLINGER *zur Frau* Tief atmen mit offenem Mund – und ihn anschauen, immer anschauen.

Sie schaut jetzt den Mann an. Dann führt Hellinger sie etwas weiter weg.

Bild 2

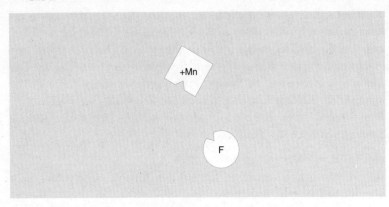

HELLINGER *zum Mann* Wie ist das für dich?
MANN *nach einigem Zögern* Ich spüre jetzt eine Ablehnung.
HELLINGER Sag ihr: »Mir geht es gut.«
MANN Mir geht es gut.
HELLINGER »Und ich habe Zeit.«
MANN Und ich habe Zeit. *Er lächelt sie an.*
HELLINGER *zur Frau* Wie ist das?
FRAU Besser.
HELLINGER Sag ihm: »Ich komme auch.«
FRAU Ich komme auch.
HELLINGER »Nach einiger Zeit.«
FRAU Nach einiger Zeit.
HELLINGER *zum Mann* Wie ist es jetzt?
MANN Schön.
HELLINGER *zur Frau* Für dich?
FRAU Gut.

HELLINGER *zum Teilnehmer* Ist es okay für dich?
TEILNEHMER Ja.
HELLINGER *zu den Stellvertretern* Gut. Das war's.

HELLINGER *zur Gruppe* Die Vorgehensweise ist immer die gleiche. Der Überlebende läßt sich vom Toten anschauen –, das ist es. Er tritt in seinen Blick. Und dann ist es nicht möglich, ihm nachzufolgen. Sich dem zu stellen ist schwerer, als die Augen zuzumachen und zu sterben. Das Anschauen, das ist das Große darin. Ist es nicht schön, was die Toten sagen: »Mir geht es gut«? So ist es auch.

In einem Kurs in Hamburg hatte ich vor kurzem die Aufstellung einer Frau, deren Großvater jüdische Kinder und Frauen erschoß. Er war bei der SS. Dann haben wir zehn tote jüdische Kinder aufgestellt, und eines von ihnen hat gesagt: Für mich ist der Tod nichts Persönliches und hat mit dem Täter nichts zu tun. Das stimmt, und das muß man auch hier sehen. Über Tod und Leben entscheiden andere Mächte als wir. Das ist dann sehr demütig, und daraus kommt Kraft.

GOTTFRIED UND ALMA

Die Trümmer
Ordnung durch Lassen

ALMA Ich möchte dich bitten, uns zu helfen, in unsere Beziehung Ordnung zu bringen. Ich bin für meinen Mann die dritte Frau, und er ist mein zweiter Mann. Für mich ist das zu unordentlich, und ich habe das Gefühl, daß viele von uns nicht am richtigen Platz sind.
HELLINGER Was sagt der Mann?
MANN Ich bin sehr gespannt und freue mich, wenn du ihr helfen kannst. *Gelächter bei den Zuhörern*
HELLINGER Ich helfe mit einem Satz:
zur Frau Laß ihn fahren.
nach einer Weile der Besinnung Stell dir vor: Hier sind zwei Trümmerhaufen. Einer gehört dir und einer gehört ihm. Vergleiche mal die Größe der Trümmerhaufen. Wie ist das Verhältnis?
ALMA Ich glaube, meiner ist kleiner.
HELLINGER Wieviel?
ALMA Vielleicht ein Drittel davon.
HELLINGER Gute Schätzung. Aber du verhältst dich, als ob ...
ALMA ... als ob er gleich groß wäre?
HELLINGER Nein, als ob du den einzigen hättest.
ALMA Ich fürchte, jetzt hast du mich erwischt. Doch ich verstehe es nicht.

HELLINGER Du übernimmst die Verantwortung für seine Trümmer.
Die Lösung kommt, wenn du ihm seine Trümmer überläßt.
ALMA Ja, ich glaube schon.
HELLINGER Mehr mache ich nicht.
ALMA Danke, das ist genug.

AUS DEM KURS IN GLARUS

BABETTE   Der Ernst
Brustkrebs, chronisches Müdigkeitssyndrom,
hat ein Kind abgetrieben

HELLINGER *zu Babette* Um was geht es?
BABETTE Ich habe vor zwölf Jahren Brustkrebs gehabt und Chemotherapie. Einige Jahre später kamen Tumore in den Eierstöcken und
der Gebärmutter hinzu. Seither leide ich an einem chronischen Müdigkeitssyndrom, und es wird immer schlimmer.
HELLINGER Bist du verheiratet?
BABETTE Ich lebe in einer Partnerschaft. Ich war einmal verheiratet
und geschieden. Dann ist mein Mann gestorben. In der zweiten Partnerschaft hat der Mann gesagt, er heirate mich nicht. Er würde in sein
Ursprungsland zurückgehen, wenn ich schwanger wäre. Dann bin ich
schwanger geworden, habe es aber nicht gemerkt, und der Arzt auch
nicht. Ich habe monatelang Therapien gekriegt, weil ich so Schmerzen
hatte, und dann konnte ich nichts anderes tun, als abzutreiben, denn
ich konnte mir nicht vorstellen, ein Kind alleine zu haben, das nicht
normal wäre.

HELLINGER Wir stellen auf: dich, den Mann und dieses Kind.

Bild 1

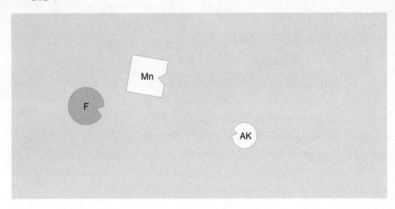

Mn   Mann
F   **Frau (= Babette)**
AK   Abgetriebenes Kind

HELLINGER *zu Babette* Was ist?
BABETTE Ich bin aufgewühlt.
HELLINGER Wie geht es dem Kind?
ABGETRIEBENES KIND *seufzt* Ich habe nasse Hände und Herzklopfen. Die Beine tragen mich fast nicht. Ich habe Mühe zu stehen.
HELLINGER Setz dich.
zum Mann Was ist?
MANN Erst hatte ich das Gefühl, ich möchte gehen. Ich habe damit nichts zu tun. Dann war hinter mir etwas unheimlich. Als das Kind gekommen ist, denke ich, sie interessiert mich.
HELLINGER *zur Stellvertreterin von Babette* Was ist bei der Frau?
FRAU Ich hatte unheimliches Herzklopfen. Jetzt habe ich sehr schwere Beine, und ich zittere.

HELLINGER Setz dich neben sie.

Bild 2

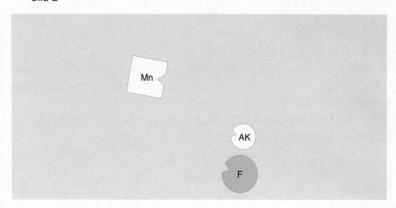

Mutter und Kind schauen sich immer wieder an und dann wieder weg. Dazwischen schauen sie zum Mann.

HELLINGER *nach einer Weile zur Gruppe* Die Frau ist hart. Sie hat kein Mitgefühl für das tote Kind.
nach einer Weile Auch der Mann hat kein Mitgefühl.
wieder nach einer Weile zum abgetriebenen Kind Leg dich auf die Seite.

Das Kind legt sich auf den Boden zur Seite, mit dem Rücken zur Mutter.

HELLINGER *nach einer Weile zur Stellvertreterin von Babette* Was ist?
FRAU Es tut mir furchtbar leid, daß ich auf das Kind nicht reagieren kann. Ich mag sie nämlich. Aber ich bin irgendwo gefühllos.
HELLINGER Genau.
FRAU Es macht mich traurig.
HELLINGER *zur Gruppe* Das ist keine Trauer, die Kraft hat. Es ist nichts zu machen mit der Mutter. Ihr müßt euch nochmals vorstellen, was sie vorher erzählt hat. Wie sie das begründet hat. Auch was der Mann gesagt hat. Das ist hier völlig daneben. Da ist nichts zu machen. Hier sind oft die Krankheit und der Tod der Ausweg. Ohne Liebe geht hier nichts. Ich lasse es da.

155

HELLINGER *zur Stellvertreterin des abgetriebenen Kindes* Wie ist es dir jetzt noch gegangen?

ABGETRIEBENES KIND *seufzt* Elend. Einsam. Verloren.

HELLINGER *zu allen Stellvertretern* Jetzt geht raus aus den schweren Rollen.

nach einer Weile zu Babette Was sagst du dazu?

BABETTE *weinend* Es ist irgendwie nicht vollständig. Ich habe vor zwei Monaten mit dem Kind Kontakt aufgenommen und mich dafür entschuldigt, weil ich keinen Ausweg sah als diesen.

HELLINGER Man kann das Kind nicht um Entschuldigung bitten. Das geht nicht. Das ist Selbstmitleid, kein Mitgefühl mit dem Kind.

Babette ist sehr bewegt und weint.

HELLINGER *zur Gruppe* Also die Lösung, die ich gesehen habe, die einzige gemäße in der Situation, nach dem, was da vorgefallen war, wäre gewesen: Die Frau legt sich neben das abgetriebene Kind, einfach so und ohne Hoffnung, sondern nur hinlegen und da sein, auch mit der Bereitschaft zur vollen Konsequenz. Das wäre in der Seele heilend. Das ist ein endloser Schmerz, wenn das wirklich ernst genommen wird.

zu Babette Manchmal wirken solche Kinder noch mal wie Engel für ihre Eltern.

Babette nickt.

HELLINGER Kann ich es so lassen?

BABETTE Ja.

Der Engel

TEILNEHMER Können Sie noch etwas sagen zur Nichtlösung, zu: eine Situation an den Rand bringen?

HELLINGER Die sogenannte Nichtlösung ist ein Schritt in einem größeren Zusammenhang. Ich weiß nicht, was noch rauskommt. Aber ich nehme es ernst, daß es da keine Lösung gab. Es ist wichtig, daß man das ernst nimmt.

Die Krankheit ist manchmal ein Engel Gottes. Krankheiten kann man ansehen wie Boten Gottes. Aber wer nicht hinschaut, der sieht und hört nicht, was los ist. Das ist hier eine ganz andere Ebene des

Umgangs mit Krankheit und mit Schicksal, wo jedes Planen und Wünschen aufhört. Wenn man den Engel nicht achtet, zieht er sich zurück. Hier merkt man, was diese Arbeit letztlich an innerer Verwandlung fordert, wenn man sich ihr wirklich aussetzt, und auch, was sie an innerer Verwandlung ermöglicht.

Der Therapeut, der so arbeitet, ist ein Krieger. Er geht an die äußerste Grenze ohne Furcht und Tadel. Dann bekommt alles den Ernst, den es wirklich hat. Es wird nichts verniedlicht. Und dann kann es weitergehen. Wenn man an diese Grenzen geht, sind die Chancen eher da zu einer Lösung, als wenn man davor zurückschreckt und das zudeckt mit irgendwelchen netten Gedanken.

STELLA   »Bitte, haltet mich fest«
Melkersson-Rosenthal-Syndrom

HELLINGER *zu Stella* Um was geht es?

STELLA Ich habe Melkersson-Rosenthal-Syndrom.

HELLINGER *zu Professor Kaspar Rhyner* Kannst du mir das erklären?

KASPAR RHYNER Es ist eine Krankheit, die geht mit Gesichtsschwellung einher. Manchmal auch mit einer Zungenschwellung, so daß die Kranken nicht mehr richtig sprechen können, oder mit Hirnnervenlähmungen.

HELLINGER Das ist also eine schwere Krankheit?

KASPAR RHYNER Ja.

HELLINGER *zu Stella* Wie bist du damit umgegangen bisher?

STELLA Das eine Mal ein bißchen besser, das andere Mal schlechter. Einfach mal so und mal so. Es ging nicht immer gut.

HELLINGER Wir stellen zwei Personen auf, nämlich die Krankheit und dich. Suche Stellvertreter und stelle sie auf.

Bild 1

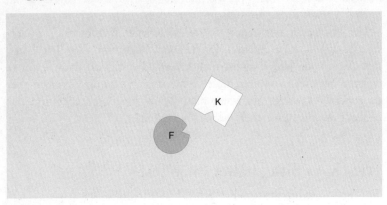

| F | Frau (= Stella) |
| K | Krankheit |

HELLINGER *zu den Stellvertretern* Ihr beiden bleibt jetzt gesammelt, achtet auf die innere Bewegung und geht mit dieser inneren Bewegung, ohne etwas zu sagen.

Die Frau schaut immer wieder zur Krankheit. Diese bewegt hilflos die Arme, bleibt aber stehen. Dann streckt sie die rechte Hand nach der Frau aus. Diese aber tritt mehr zur Seite und stellt sich langsam halbrechts hinter die Krankheit.

Bild 2

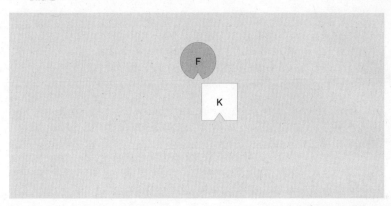

Nach einiger Zeit schaut sich die Krankheit nach ihr um, tritt etwas zur Seite, schaut zu ihr hinüber und stellt sich wieder zurück. Dann lehnt sich die Frau von hinten an die Krankheit an, geht in die Knie und umfaßt die Füße der Krankheit von hinten.

Bild 3

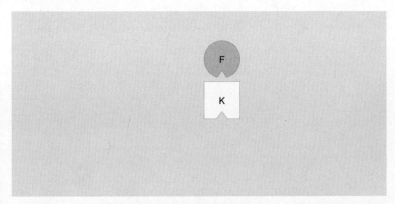

Stella beginnt laut zu schluchzen und lehnt sich an Hellinger an. Dieser legt den Arm um sie. Stella schluchzt in großem Schmerz.

HELLINGER *zu Stella* Atme jetzt ruhig, ohne Ton. Ganz ruhig, mit offenem Mund.

Stella schluchzt jetzt ruhiger und atmet tief. Die Krankheit schaut zur Frau hinunter, beugt sich etwas zu ihr, streckt langsam die rechte Hand nach ihr aus und berührt sie sachte, als diese langsam den Kopf etwas hebt.

HELLINGER *zu Stella* Jetzt sag mal: »Ich komme auch.«
STELLA Ich komme auch. *Sie atmet tief und seufzt.*
HELLINGER *nach einer Weile* Wie geht es dir dabei?
STELLA Ein bißchen besser.

Die Frau richtet sich noch mehr auf, bleibt aber noch knien und umfaßt mit ihren Händen die Knie der Krankheit. Diese schaut immer wieder rückwärts zu ihr.

HELLINGER *nach einer Weile zur Krankheit* Dreh dich mal um und wende dich ihr zu und zieh sie jetzt hoch zu dir.

Die Krankheit zieht die Frau hoch und legt den Arm um sie. Diese legt ihren Kopf an die Brust der Krankheit und weint. Die Krankheit legt ihr die Hand sachte auf den Kopf.

Bild 4

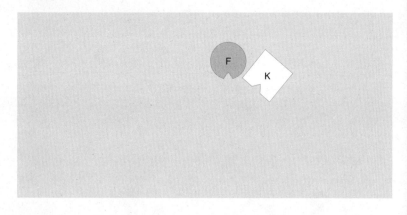

Stella, immer noch an Hellinger angelehnt, schluchzt laut.

HELLINGER *zu Stella* Tief atmen, mit offenem Mund. Ohne Ton tief atmen.

HELLINGER *nach einer Weile* Wen hast du als Kind verloren? Wen hast du verloren?
STELLA Als Kind?
HELLINGER Wer ist gestorben?
STELLA Meine Mutter ist früh verstorben und der Vater.

Die Frau löst sich langsam von der Krankheit. Doch halten sich beide noch umfaßt.

HELLINGER *zur Stellvertreterin von Stella* Wie geht es dir?
FRAU Leichter, doch meine Muskeln sind wie Watte.
HELLINGER *zur Krankheit* Bei dir?
KRANKHEIT Mir geht es jetzt besser. Ich war ganz zittrig am Anfang, und es hat mich kalt und heiß überlaufen.
HELLINGER Sag ihr: »Ich halte dich fest.«
KRANKHEIT Ich halte dich fest.
HELLINGER Tu, halte sie ganz fest.

Beide umarmen sich innig und fest. Stella atmet tief und schluchzt. Hellinger legt wieder den Arm um sie.

Bild 5

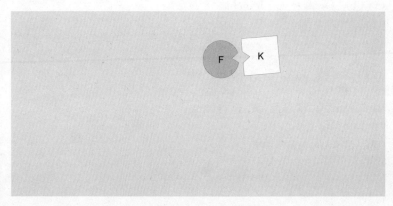

HELLINGER *zu Stella* Mach die Augen auf. Laß dich festhalten vom Vater und von der Mutter. – Mach die Augen auf. Schau ihnen in die Augen und sag ihnen: »Bitte, haltet mich fest.«
STELLA Bitte, haltet mich fest.

Stella schließt die Augen und wird ruhig.

HELLINGER *nach einer Weile* Wie geht es dir jetzt?
STELLA Es geht mir besser.
HELLINGER Das läßt du jetzt ganz still in deiner Seele wirken. Mit niemandem darüber reden. Dir nichts aufschwätzen lassen oder so. Bewahre es in deiner Seele. Die Seele wird dir helfen. Okay?
STELLA Ja. Danke.
HELLINGER Gut. Gerne.
zu den Stellvertretern Ihr habt das sehr einfühlsam gemacht, und ihr habt ihr einen großen Dienst getan. Ich danke euch sehr.

Freund Hein

HELLINGER *nach einer Weile zu Stella* Wir haben einen großen Freund, weißt du das? Jeder hat einen ganz besonders großen Freund. Ja, den hast du bestimmt. Aber vielleicht hast du noch gar nicht daran gedacht, daß das ein großer Freund ist.
STELLA Nein, ich kenne ihn nicht.
HELLINGER Früher nannte man diesen Freund bei uns Freund Hein. Den kennst du nicht, diesen Ausdruck in der Schweiz, »Freund Hein«?
STELLA Den kenne ich nicht.
HELLINGER Das ist der Tod.

Stella nickt.

HELLINGER Er ist das Größte.
STELLA Ja.
HELLINGER Und er ist ganz ruhig.
STELLA Ja.
HELLINGER Ganz still.
STELLA Ja.
HELLINGER Man kann sich auf ihn verlassen.
STELLA Ja.
HELLINGER Wenn man ihn zu seiner Seite hat.
STELLA Ja.

Hellinger und Stella schauen sich ruhig und freundlich an.

HELLINGER Ich erzähle dir noch eine Geschichte über diesen Freund.

Der Gast

Irgendwo, weit weg von hier, dort, wo einmal der Wilde Westen war, wandert einer mit dem Rucksack auf dem Rücken durch weites, menschenleeres Land. Nach stundenlangem Marsch – die Sonne steht schon hoch, und sein Durst wird groß – sieht er am Horizont ein Farmhaus. »Gott sei Dank!« denkt er, »Endlich wieder mal ein Mensch in dieser Einsamkeit. Bei ihm kehre ich ein, bitte ihn um etwas zu trinken, und vielleicht setzen wir uns noch auf die Veranda und unterhalten uns, bevor ich wieder weiterziehe.« Und er malt sich aus, wie schön es sein wird.

Als er aber näher kommt, sieht er, wie der Farmer sich im Garten vor dem Haus zu schaffen macht, und ihn befallen erste Zweifel. »Wahrscheinlich hat er viel zu tun, und wenn ich sage, was ich möchte, falle ich ihm lästig; und er könnte meinen, ich sei unverschämt.« Als er dann an die Gartentüre kommt, winkt er dem Farmer nur und geht vorbei.

Der Farmer seinerseits sah ihn schon von ferne, und er freute sich. »Gott sei Dank! Endlich wieder mal ein Mensch in dieser Einsamkeit. Hoffentlich kommt der zu mir. Dann werden wir zusammen etwas trinken, und vielleicht setzen wir uns noch auf die Veranda und unterhalten uns, bevor er wieder weiterzieht.« Und er ging ins Haus, um schon Getränke kalt zu stellen.

Als er den Fremden aber näher kommen sah, begann auch er zu zweifeln. »Er hat es sicher eilig, und wenn ich sage, was ich möchte, falle ich ihm lästig; und er könnte meinen, ich dränge mich ihm auf. Doch vielleicht ist er durstig und will von sich aus zu mir kommen. Am besten ist, ich gehe in den Garten vor dem Haus und tue so, als ob ich mir zu schaffen mache. Dort muß er mich ja sehen, und wenn er wirklich zu mir will, wird er es schon sagen.« Als dann der andere nur herüberwinkte und seines Weges weiterzog, sagte er: »Wie schade!«

Der Fremde aber wandert weiter. Die Sonne steigt noch höher, und sein Durst wird größer, und es dauert Stunden, bis er am Horizont ein anderes Farmhaus sieht. Er sagt sich: »Diesmal kehre ich bei dem Farmer ein, ob ich ihm lästig falle oder nicht. Ich habe solchen Durst, ich brauche etwas zu trinken.«

Doch auch der Farmer sah ihn schon von ferne und dachte:»Der kommt doch hoffentlich nicht zu mir. Das fehlte mir gerade noch. Ich habe viel zu tun und kann mich nicht auch noch um andere Leute kümmern.« Und er machte mit der Arbeit weiter, ohne aufzublikken.

Der Fremde aber sah ihn auf dem Feld, ging auf ihn zu und sagte: »Ich habe großen Durst. Bitte gib mir zu trinken.« Der Farmer dachte:»Abweisen darf ich ihn jetzt nicht, schließlich bin auch ich ein Mensch.« Er führte ihn zu seinem Haus und brachte ihm zu trinken.

Der Fremde sagte:»Ich habe deinen Garten angeschaut. Man sieht, hier war ein Wissender am Werk, der Pflanzen liebt und weiß, was sie brauchen.« Der Farmer freute sich und sagte:»Ich sehe, auch du verstehst etwas davon.« Er setzte sich, und sie unterhielten sich lange.

Dann stand der Fremde auf und sagte:»Jetzt ist es Zeit für mich zu gehen.« Der Farmer aber wehrte ab.»Schau«, sagte er, »die Sonne steht schon tief. Bleib diese Nacht bei mir. Dann setzen wir uns noch auf die Veranda und unterhalten uns, bevor du morgen weiterziehst.« Und der Fremde stimmte zu.

Am Abend saßen sie auf der Veranda, und das weite Land lag wie verklärt im späten Licht. Als es dann dunkel war, begann der Fremde zu erzählen, wie sich für ihn die Welt verändert habe, seitdem er innewurde, daß ihn auf Schritt und Tritt ein anderer begleite. Erst habe er es nicht geglaubt, daß einer dauernd mit ihm ging. Daß, wenn er stehenblieb, der andere stand, und wenn er aufbrach, der andere sich mit erhob. Und er brauchte Zeit, bis er begriff, wer dieser sein Begleiter sei.

»Mein ständiger Begleiter«, sagte er, »das ist mein Tod. Ich habe mich so sehr an ihn gewöhnt, daß ich ihn nicht mehr missen will. Er ist mein treuester, mein bester Freund. Wenn ich nicht weiß, was richtig ist und wie es weitergehen soll, dann halte ich ein Weilchen still und bitte ihn um eine Antwort. Ich setze mich ihm aus als Ganzes, gleichsam mit meiner größten Fläche; weiß, er ist dort, und ich bin hier. Und ohne daß ich mich an Wünsche hänge, warte ich, bis mir von ihm zu mir ein Hinweis kommt. Wenn ich gesammelt bin und mich ihm mutig stelle, kommt mir nach einer Zeit von ihm zu mir ein Wort, wie wenn ein Blitz, was dunkel war, erhellt, – und ich bin klar.«

Dem Farmer war die Rede fremd, und er blickte lange schweigend in die Nacht. Dann sah auch er, wer ihn begleitet, seinen Tod –, und er verbeugte sich vor ihm. Ihm war, als sei, was ihm von seinem Leben blieb, verwandelt. Kostbar wie Liebe, die um Abschied weiß, und wie die Liebe bis zum Rande voll.

Am nächsten Morgen aßen sie zusammen, und der Farmer sagte: »Auch wenn du gehst, bleibt mir ein Freund.« Dann traten sie ins Freie und reichten sich die Hand. Der Fremde ging seines Weges und der Farmer auf sein Feld.

HELLINGER *zu Stella* Jetzt habe ich dir noch eine lange Geschichte erzählt. Okay, das war's dann. Alles Gute dir.
STELLA Danke vielmals.

VERENA Die Trauer
Diagnose: »manisch«-depressiv

VERENA Ich leide an der manisch-depressiven Krankheit, und dazu habe ich auch noch Schuppenflechte.
HELLINGER Die Manischen, die heben ab.
VERENA Ich habe, Gott sei Dank, noch keine richtigen Manien gehabt. Mein Arzt sagt, das seien Submanien.
HELLINGER Ach so! Aber die kommen noch.
VERENA Ich hoffe nicht.
HELLINGER Ja, wenn der gesagt hat »noch nicht«, dann kommen die ganz bestimmt.

165

VERENA Ich lebe mit der Angst im Rücken. *Sie weint.*

HELLINGER Ja, genau. Das kommt von Diagnosen. *Verena seufzt tief.* So wirken die sich aus. – Du kannst dir ein Paket zusammenschnüren lassen. Das adressierst du an den Psychiater. In dieses Paket tust du noch ein kleines Paket hinein, schreibst darauf »Die Submanie« und schickst es ihm zurück, mit freundlichen Grüßen.

VERENA Ich verstehe das nicht.

HELLINGER Soll ich noch mal anfangen von vorne?

VERENA Ich habe es nicht verstanden.

HELLINGER Okay. Der Psychiater hat dir sozusagen ein Danaergeschenk gemacht *(ein Unheil bringendes Geschenk).* Er hat dir etwas untergeschoben. Die Submanie hat er dir untergeschoben. Das packst du jetzt wieder ein und schickst es ihm zurück mit freundlichen Grüßen.

VERENA Ja, erst kürzlich habe ich realisiert: Er hat mir gesagt, daß ich wahrscheinlich immer, wenn es mir gutgeht, in einer Submanie bin. *Lautes Lachen in der Gruppe*

HELLINGER Jetzt geht es einem endlich gut, dann ist es gleich eine Submanie. Hast du schon mal jemanden jauchzen gesehen?

VERENA Ja, oft.

HELLINGER Die sind alle manisch. Anders kann man sich das ja gar nicht erklären, daß einer jauchzt oder sogar einen Luftsprung macht. Das ist alles Manie, sollte man meinen. Also, wechsle mal den Therapeuten. Am besten, du hast überhaupt keinen mehr zur Zeit.

VERENA Die Depressionen sind so oft und immer wieder gekommen und immer mehr.

HELLINGER Depression ist wieder etwas anderes. Weißt du, was Depression bedeutet?

VERENA *wütend* Ich glaube Wut, Aggression. *Sie weint.*

HELLINGER Das ist schon wieder so eine Deutung. Nein. Aber du bist auf einmal lebendig geworden. Das stand dir ganz gut jetzt. *Sie lacht.* Depressiv wird jemand, wenn ihm Vater oder Mutter fehlt. Ist das der Fall?

VERENA Ja, der Vater ist früh gestorben.

HELLINGER Genau, das ist es. Siehst du, das ist es. Wenn du den jetzt in dein Herz nimmst, wirst du auf einmal fröhlich, aber ganz von der normalen Sorte. *Sie lacht.* Okay, wir stellen mal auf: deinen Vater und dich.

Verena stellt die Stellvertreter nebeneinander. Diese legen spontan den Arm umeinander.

Bild 1

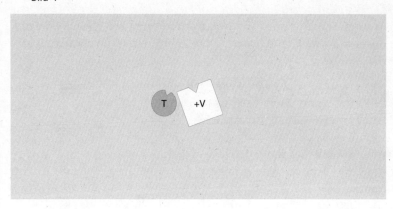

+V   Vater, starb früh
T   Tochter (= Verena)

HELLINGER *zu den Stellvertretern* Gebt eurem Impuls nach, einfach so.

Vater und Tochter legen zärtlich den Kopf aneinander.

HELLINGER *zu Verena* Siehst du, das ist es. Das ist die Lösung von der Depression. Wie alt warst du, als dein Vater starb?
VERENA Ich war ein Jahr und zweieinhalb Monate.
HELLINGER Das ist viel zu früh. So ein kleines Kind kann nicht trauern, weißt du das? Es wird wütend, statt daß es trauert, manchmal. Aber die Wut ist nur Liebe, lauter Liebe. Schau dir das mal an.

Vater und Tochter berühren sich behutsam, wie in tiefer Trauer. Er legt seine Hand auf ihr Haar. Sie hält ihn beim Arm.

Als Verena das sieht, schluchzt sie laut. Sie lehnt sich an Hellinger an, und dieser legt den Arm um sie.

HELLINGER *zu Verena* Siehst du, das ist es. Etwas ganz Einfaches, Menschliches ist es. Ganz tief verstehbar ist es.

HELLINGER *nach einer Weile, als Verena sich etwas beruhigt* Schau dir das Bild an. Ein Kind braucht seinen Vater. Das ist das ganze Geheimnis deiner Depression.

Der Vater streichelt sachte den Kopf und die Schulter der Tochter, wie in tiefer Trauer. Verena löst sich von Hellinger. Ihr Weinen hört auf, doch es bricht dann wieder durch. Dann legt Hellinger wieder den Arm um sie.

HELLINGER *nach einer Weile* Und wer ist wirklich traurig?

VERENA *weint* Mein Vater ist traurig.

HELLINGER Genau. Er ist traurig.

VERENA Ja.

HELLINGER Sag ihm: »Ich teile es mit dir.«

VERENA Papi, ich teile es mit dir. *Sie weint.* Er war, glaube ich, oft traurig.

HELLINGER Wenn der Vater so früh stirbt und weiß, das Kind bleibt zurück, ist er traurig. Jetzt schau ihn noch mal an und sag ihm: »Du sollst deine Freude an mir haben.«

VERENA Vater, du sollst deine Freude an mir haben. Ja. *Sie schluchzt.*

HELLINGER Sag ihm: »Ich bin groß geworden.«

VERENA Ich bin jetzt groß geworden.

HELLINGER »Du sollst deine Freude an mir haben.«

VERENA Du sollst ... *Sie atmet tief und seufzt.*

HELLINGER Mach die Augen auf. Schau ihn an. Sag es mit ganz normaler Stimme: »Papi, du sollst deine Freude an mir haben.«

VERENA *immer noch schluchzend* Vater, du sollst deine Freude an mir haben.

HELLINGER Sag es noch mal mit ganz normaler Stimme.

VERENA *mit ruhiger Stimme* Vater, du sollst deine Freude an mir haben.

HELLINGER »Und ich bewahre dir einen Platz in meinem Herzen.«

VERENA Und ich bewahre ... *Sie schluchzt.*

HELLINGER Du mußt ihn anschauen.

VERENA *schluchzend* Und ich bewahre dir einen Platz in meinem Herzen.

HELLINGER Sag ihm: »In mir darfst du sogar fröhlich sein.«

VERENA *mit ruhigerer Stimme* In mir darfst du sogar fröhlich sein.

HELLINGER *zeigt auf den Stellvertreter des Vaters* Der hellt sich richtig auf. Siehst du, wie sein Gesicht sich aufhellt?
zum Vater Wie geht es dir?
VATER † Ich schmunzle.
HELLINGER Da laß ich's. Das war's dann schon.
zu Verena Okay?
VERENA Ja.

LUDWIG   »Ich lege mich zu dir«
           Chronisches Schmerzsyndrom

HELLINGER *zu Ludwig* Was ist bei dir?
LUDWIG Ich bin seit zwei Jahren schwer krank. Ich habe inzwischen ein Schmerzsyndrom, das mich nicht in Ruhe läßt und mich nicht schlafen läßt. Ich habe damals auch meine Arbeit aufgegeben oder verloren. Ich habe ein Burnout oder ein Erschöpfungssyndrom gehabt. Wenn ich dachte, ich habe die Talsohle erreicht, ging es nochmal tiefer.
HELLINGER Mach mal die Augen zu.

Nach einer Weile neigt Hellinger ihm den Kopf leicht nach vorne und hält seine Hand zwischen Ludwigs Schulterblättern.

HELLINGER Laß die Augen zu. Den Mund leicht öffnen. Noch etwas neigen. So.
nach einer Weile Und jetzt laß dich hineinsinken ... auf den Grund. Weiter atmen ... bis auf den Grund.

Ludwig weint.

HELLINGER Nachgeben, einfach nachgeben ... Und jetzt lege dich zu jemandem, neben jemand ... auf den Grund ... ganz still.

Ludwig neigt sich etwas tiefer.

HELLINGER Gib nach. Loslassen.

Die Tränen rollen Ludwig die Wangen hinunter. Nach einer Weile seufzt er tief.

HELLINGER Sag innerlich: »Hier bleib' ich.«

Ludwig wird ruhiger.

HELLINGER Genau. »Hier bleib' ich.«
nach einer Weile Geh dahin, wo die Ruhe ist – und dort bleibe.

Etwas später zieht Hellinger seine Hand, die er zwischen den Schulter-
blättern von Ludwig ruhen ließ, zurück. Wieder vergeht eine Weile,
dann seufzt Ludwig tief. Danach atmet er ruhiger. Es vergehen wieder
mehrere Minuten. Dann lehnt er sich zurück, atmet tief aus und
schaut hinüber zu Hellinger.

HELLINGER Ich lasse es da. Okay so?

Ludwig nickt.

AM NÄCHSTEN TAG

HELLINGER *zu Ludwig* Wie geht es dir mit den Schmerzen?
LUDWIG Besser, ja. Sie sind noch da, aber sie sind weniger.
HELLINGER Schön. Bist du verheiratet?
LUDWIG Ja.
HELLINGER Hast du Kinder?
LUDWIG Zwei, nein drei. Eines ist aus der ersten Ehe.
HELLINGER Wie alt sind die Kinder?
LUDWIG Die Tochter aus erster Ehe ist sechzehn Jahre alt, und die
beiden Buben aus zweiter Ehe sind sechs und acht Jahre alt.
HELLINGER Wieso ist die erste Ehe auseinandergegangen?
LUDWIG Ich weiß es nicht. Meine erste Frau hat mich irgendwann
damit konfrontiert, daß es für sie zu Ende war.

HELLINGER Wir stellen mal das Gegenwartssystem auf, also deine erste Frau, dich, die Tochter, die zweite Frau und die beiden Söhne.

Bild 1

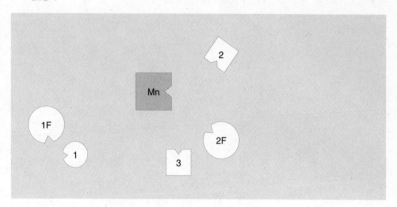

Mn	Mann (= Ludwig)
1F	Erste Frau
1	Erstes Kind, Tochter
2F	Zweite Frau
2	Zweites Kind, Sohn
3	Drittes Kind, Sohn

HELLINGER *zeigt auf den Stellvertreter von Ludwig* Der will verschwinden.
LUDWIG Ich weiß nicht, wie das gemeint ist.
HELLINGER Der will sterben.
LUDWIG Ja. – Nicht nur.
HELLINGER Hoffentlich. Den zieht es irgendwohin. Wo zieht es den hin?
LUDWIG In Richtung meiner Heimat, da wo ich herkomme.
HELLINGER Was ist passiert in deiner Herkunftsfamilie?
LUDWIG Das, was mir gestern hier so bedeutsam war, ist, daß mein Großvater gestorben ist, als ich sechzehn Monate alt war.
HELLINGER An was?
LUDWIG An Magenkrebs.
HELLINGER Nein, das ist es nicht. Was ist sonst passiert?

LUDWIG Eine andere Tote, die mir bisher nicht wichtig war, ist die Urgroßmutter, die Mutter meiner Großmutter, die mir sehr wichtig war. Diese Urgroßmutter ist im Kindbett gestorben.
HELLINGER Stell die Urgroßmutter auf.

Bild 2

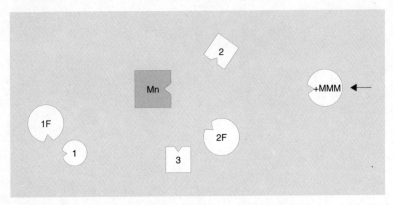

+MMM   Urgroßmutter, die Mutter der Mutter der Mutter, starb im Kindbett

HELLINGER *zum Stellvertreter von Ludwig* Was ist?
MANN Zuerst habe ich mich von meiner zweiten Frau angeklagt gefühlt. Jetzt, nachdem die Urgroßmutter kam, fühle ich mich schuldig. Ich möchte mich drehen, ich halte es nicht aus.

HELLINGER Stell dich zu ihr.

Bild 3

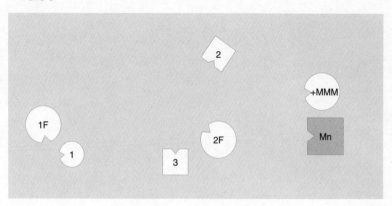

HELLINGER Die Urgroßmutter muß ihn in den Arm nehmen und festhalten.

Die Urgroßmutter umarmt ihn, er schluchzt laut. Nach einer Weile löst er sich von ihr und schaut sie an. Beide strahlen.

HELLINGER So schnell geht das. Wie geht es der Urgroßmutter?
URGROSSMUTTER † Ich bin überwältigt.
HELLINGER *zu Ludwig* Ist das Kind auch gestorben?
LUDWIG Nein, das Kind ist meine Großmutter.

HELLINGER Jetzt nehmen wir die Großmutter dazu und dann auch die Mutter. Stell sie auf.

Bild 4

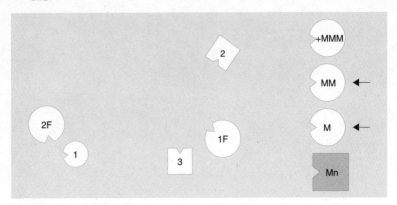

MM   Großmutter, Mutter der Mutter
M   Mutter

HELLINGER *zum Stellvertreter von Ludwig* Wie geht es dir jetzt?
MANN Viel ruhiger. Ich weiß jetzt, daß ich der Urenkel bin. Ich habe keine Schuld.
HELLINGER Wie geht es der ersten Frau?
ERSTE FRAU Gemischt. Ich habe das Gefühl, daß er schuld ist, daß ich den Kontakt zur Tochter nicht richtig habe. Ich spüre einen Vorwurf von ihr, daß ich gegangen bin, aber ich habe das Gefühl, ich konnte überhaupt nicht anders als gehen. Als du sagtest, er will sterben, da kam so ganz spontan: Richtig, geschieht ihm recht! Da bin ich selbst erschrocken und mußte zu ihm hinschauen. Als die Urgroßmutter kam, war ich plötzlich erleichtert und sagte: Na endlich! Das mit der Tochter betrifft mich sehr. Ich möchte gerne ein gutes Verhältnis zu ihr haben, aber ich komme nicht an sie heran.
HELLINGER *zur Tochter* Bei dir?
ERSTES KIND Ich fühle mich völlig unter Druck von der Mutter. Da ist so viel Fordern. Ich fühle mich wie die Mutter. Von den anderen bin ich ganz abgeschnitten. Das betrifft mich nicht.
HELLINGER *zu Mutter und Tochter* Jetzt kommt ihr mal mit.

Hellinger stellt nun das Ordnungsbild auf.

Bild 5

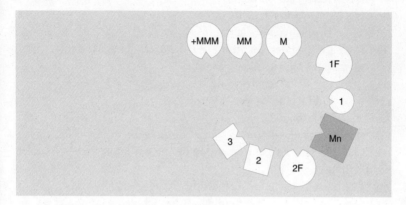

HELLINGER *zur Tochter* Wie ist es jetzt?
ERSTES KIND Besser.
ERSTE FRAU Es ist leichter. Es drückt noch etwas.
MANN *zur ersten Frau* Ich habe das Gefühl, daß ich dich nie gesehen habe. Jetzt sehe ich jemand. *Beide nicken sich zu.* Es tut mir leid.
HELLINGER Das ist die Verstrickung mit dem Schicksal der Urgroßmutter. Dann kannst du die Frau nicht sehen.
zur zweiten Frau Wie geht es dir hier?
ZWEITE FRAU Es ist besser. Ich habe mich überfordert gefühlt. Ich konnte zum großen Sohn gar keinen Kontakt halten und wollte immer sagen: Ich kann das nicht alles alleine. Ich kriegte keinen Bezug zu den Kindern. Jetzt ist es besser.

In der Zwischenzeit lachen die Tochter und ihre Mutter sich zu und legen von hinten die Arme umeinander.

ZWEITES KIND Jetzt fühle ich mich eingebettet in die Familie. Vorher nicht.
DRITTES KIND Mir geht es gleich. Vorher habe ich von der linken Seite so einen Druck gehabt, von der ersten Frau und der Tochter. Ich hatte überhaupt keine Beziehung zur Mutter. Jetzt ist es besser.

Ludwig stellt sich nun selbst an seinen Platz und schaut sich um.

HELLINGER *zu Ludwig* Sag das deiner ersten Frau auch: »Jetzt sehe ich dich.«

LUDWIG Jetzt sehe ich dich.

HELLINGER »Und ich achte dich.«

LUDWIG Und ich achte dich.

HELLINGER Sag der Tochter: »Jetzt sehe ich deine Mutter.«

LUDWIG Jetzt sehe ich deine Mutter.

HELLINGER »Und ich achte sie.«

LUDWIG Und ich achte sie.

ERSTES KIND Danke.

ERSTE FRAU Das tut gut. *Sie lacht Ludwig an.*

HELLINGER *zur zweiten Frau* Sag der ersten Frau: »Ich achte dich als die Erste.«

ZWEITE FRAU Ich achte dich als die Erste.

HELLINGER »Bitte, sei freundlich, wenn ich den Mann jetzt nehme und behalte.«

ZWEITE FRAU Bitte, sei freundlich, wenn ich den Mann jetzt nehme und behalte.

ERSTE FRAU Ja. *Sie nickt ihr zu.*

HELLINGER *zu Ludwig* Wie ist das für dich?

LUDWIG Das stellt alles auf den Kopf.

HELLINGER Na und?

LUDWIG *lacht* Es ist gut.

HELLINGER Okay.

zur zweiten Frau Wie geht es dir, jetzt, nachdem du das gesagt hast?

ZWEITE FRAU Gut. Es geht ein Druck von mir runter. Ich fühle mich freier.

HELLINGER Ich glaube, wir haben's.

zu Ludwig Sag jedem Kind: »Ich bin und bleibe dein Vater.«

LUDWIG *zu jedem Kind* Ich bin und bleibe dein Vater.

HELLINGER Sag der zweiten Frau: »Ich bin und bleibe dein Mann.«

LUDWIG Ich bin und bleibe dein Mann. *Beide lachen sich an.*

HELLINGER Okay, das war's.

zur Gruppe Der Tod einer Frau im Kindbett ist für eine Familie das einschneidendste Ereignis überhaupt. Die Schwierigkeit, wenn es ein schweres Schicksal gibt, ist, daß diese Schicksale Angst machen. Man meint, wenn man daran denkt oder wenn man diese Toten ehrt, dann setzt sich dieses schlimme Schicksal fort. Darum werden die gefürchtet und ausgeklammert.

Auch gegenüber den Toten hat man oft die Furcht, sie könnten feindlich sein oder neidisch. Der Grabstein auf dem Grab ist ja eigentlich ein Versuch, die Toten festzuhalten, daß sie nicht herauskommen. Früher lag der ja flach. Der hält die Toten fest. Das ist die tiefe Angst da drin. Damit wird aber gerade das provoziert, was man vermeiden möchte, und der Segen, der von ihnen kommen könnte, wird verhindert.

Wir gehen hier den anderen Weg, daß man sie in den Blick bringt und achtet. Dann sieht man, wie freundlich die sind, wenn sie geachtet werden.

Auch ein früherer Partner wird oft ausgeklammert aus Angst, er könnte schlimm in die neue Familie hereinwirken. Doch gerade damit wirkt er schlimm herein. Aber nicht, weil er schlimm ist, sondern weil man ihn nicht achtet. Das System duldet nicht, daß einer nicht geachtet wird, der dazugehört. Wenn man das dann anerkennt, zum Beispiel, wenn der Mann der früheren Frau sagt: »Ich habe dich noch gar nicht richtig gesehen«, und er schaut jetzt hin, dann ist sie freundlich. Menschen sind ganz tief freundlich, wenn sie geachtet sind. Dann hat die zweite Beziehung eine viel tiefere und erfülltere Möglichkeit. Das ist das eigentliche Geheimnis dieser Arbeit hier. Sie ist etwas ganz Schlichtes, Menschliches und Liebevolles.

WALTRAUD »Ein Weilchen, dann komme ich auch«

Brustkrebs

HELLINGER *zu Waltraud, die sich immer lustig gibt* Soll ich mit dir arbeiten jetzt?
WALTRAUD Mach es so, wie du es weißt.
HELLINGER Was weiß ich bei deiner Lustigkeit? Komm mal her.

Sie setzt sich neben ihn.

HELLINGER Weißt du, wo man lustig ist? Mich hat mal jemand gefragt: Was macht der Buddha im Nirwana? Da konnte ich mir nur eines vorstellen: Er lacht.

Waltraud lacht Hellinger an.

HELLINGER Deine Augen widersprechen deinem Mund. Mach sie zu.

Sie macht sie zu und wird ernst und traurig. Sie seufzt.

HELLINGER Ja. Tief atmen. Genau.

Hellinger legt ihr die Hand zwischen die Schulterblätter.

HELLINGER Ganz leicht nach vorne neigen.
nach einer Weile Und jetzt weine über deine Krankheit. – Tief atmen. – Weine über deine Krankheit. Neige den Kopf leicht nach vorne.

Waltraud weint und atmet tief.

HELLINGER Überlaß dich diesem Schmerz.
nach einer Weile Jetzt lehn dich an, hier bei mir.

Waltraud lehnt ihren Kopf an Hellingers Schulter und schluchzt. Nach einiger Zeit richtet sie sich auf und schaut ihn an.

HELLINGER Da ist ein tiefer Schmerz in dir, ein ganz tiefer Schmerz. – Mach die Augen noch mal zu, bleib aber mir zugewandt. Wo möchte sich das Kind anlehnen?
WALTRAUD An meine ganze Familie.
HELLINGER An wen besonders?
WALTRAUD An meinen verstorbenen Bruder.

Sie lehnt wieder ihren Kopf an Hellingers Schulter und weint.

HELLINGER *nach einer Weile* Sag ihm: »Ein Weilchen, dann komme ich auch.«
WALTRAUD Ein Weilchen, dann komme ich auch.
HELLINGER *etwas später* Wie geht es dir dabei?
WALTRAUD Gut.
HELLINGER Genau. – Für wen mußt du eigentlich fröhlich sein? Wer hält den Schmerz nicht aus?
WALTRAUD Mein Sohn.
HELLINGER Ah ja.

Sie beginnt wieder zu weinen.

HELLINGER Stell dir vor, er steht hier vorne. Sag ihm: »Ich bleibe, solange ich darf.«

WALTRAUD Ich bleibe, solange ich darf.

HELLINGER Wie alt ist er?

WALTRAUD 33.

HELLINGER Sag ihm: »Ich gehe meinen Weg.«

WALTRAUD Ich gehe meinen Weg.

HELLINGER »Ich bleibe, solange ich darf, doch ich gehe meinen Weg.«

WALTRAUD Ich bleibe, solange ich darf, doch ich gehe meinen Weg.

Sie schließt die Augen dabei.

HELLINGER Sag es ernst. Du darfst ihm die Trauer nicht ersparen und den Schmerz. Das steht dir nicht zu. Du mußt ihm die Trauer und den Schmerz zumuten. Sag's ihm noch einmal.

WALTRAUD Ich bleibe noch ein Weilchen, wenn ich darf, aber ich gehe meinen Weg. Ich muß dir Trauer und Schmerz zumuten können.

HELLINGER »Ich mute es dir zu.« Sag es so.

WALTRAUD Ich mute es dir zu.

HELLINGER Genau. Das war jetzt kraftvoll. Das ist für ihn auch besser. Soll ich es mal da lassen jetzt?

WALTRAUD Ja.

HELLINGER Okay. Gut.

MECHTHILD »Liebe Schwester, ich lasse dich bei der Mutter«

Sie zerkratzt sich ununterbrochen die Haut

HELLINGER *zu Mechthild* Um was geht es?

MECHTHILD Ich mache mir jeden Tag selbst fast zur Hölle. Ich zerstöre mich selbst.

HELLINGER Ich verstehe nichts. Du mußt deutlich sprechen zu mir.

MECHTHILD Ich habe jeden Tag Angst, in der Früh aufzustehen. Ich stürze mich selbst von einer Krise in die andere, in eine selbstzerstörerische Krise.

HELLINGER Wer hat dir das erzählt?

MECHTHILD Ich empfinde es selbst so.

HELLINGER Es gibt Leute, die meinen, wenn sie vor Gott treten und sich möglichst schlechtmachen, dann schaut er freundlich. *Mechthild nickt.* Es gibt auch Therapeuten, die schauen dann freundlich, wenn der Klient sich herabsetzt. Ich schaue nicht so freundlich, wenn jemand das macht.

MECHTHILD Ich weiß schon.

HELLINGER Also ganz konkret: Um was geht es?

MECHTHILD Ich zerkratze mir seit fünf Jahren massiv die Haut. Seit zwei Monaten mache ich nichts mehr anderes den ganzen Tag.

HELLINGER Das genügt mir. Das ist jetzt konkret. Damit kann ich etwas anfangen. Wie alt bist du?

MECHTHILD 26.

HELLINGER Bist du verheiratet?

MECHTHILD Nein.

HELLINGER Hast du Kinder?

MECHTHILD Nein.

HELLINGER Was war in der Herkunftsfamilie?

MECHTHILD Ich habe zwei ältere Brüder. Ich weiß von meiner Mutter, daß sie das erste Kind von ihrem ersten Partner – das war ein Engländer – nicht haben durfte, und sie haben es umgebracht. Das weiß ich. Sie kam zurück aus England und durfte das Kind nicht haben. Das war eine Schande für die Familie.

HELLINGER Die waren fromm, natürlich. Fromme machen so was. Sie bringen das Kind um, um der Schande zu entgehen. Schrecklich. *Mechthild nickt.* Sünder nehmen die Kinder an. *Mechthild nickt.* War das ein Junge oder ein Mädchen?

MECHTHILD Ein Mädchen.

HELLINGER Wie alt war das?

MECHTHILD Es war im fünften Monat. Meine Mutter bekam es. Dann nahmen meine Oma und meine Tante es mit und verbrannten es im Ofen.

HELLINGER Wurde das Kind abgetrieben?

MECHTHILD Es wurde abgetrieben, aber es lebte kurz, und dann wurde es im Ofen verbrannt.

Hellinger wählt eine Stellvertreterin für das tote Kind und läßt sie sich mit dem Rücken auf den Boden legen. Dann läßt er Mechthild sich auf den Rücken neben dieses Kind legen.

Bild 1

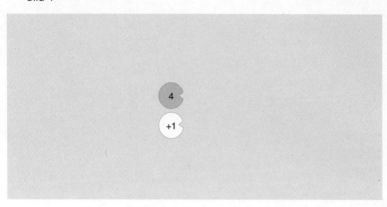

+1   Erstes Kind, Tochter, wurde im fünften Monat abgetrieben, lebte kurz und wurde im Ofen verbrannt
4   Viertes Kind, Tochter (= Mechthild)

HELLINGER *zur Stellvertreterin des toten Kindes* Du machst die Augen zu und liegst ganz still.
zu Mechthild Und du schaust zu ihr rüber.

Beide liegen so eine Weile. Dann schaut das tote Kind zu seiner Schwester. Beide fassen sich bei der Hand. Mechthild atmet schwer und bleibt so längere Zeit. Dann wendet das tote Kind seinen Kopf ab und schließt die Augen.

HELLINGER *nach einiger Zeit zu Mechthild* Geh mit der Bewegung, wie du möchtest.

Mechthild läßt die Hand ihrer toten Schwester los. Diese schaut zu ihr hinüber. Beide schauen sich an. Dann dreht sich Mechthild zur Seite und wendet ihrer Schwester den Rücken zu. Diese streckt die Hand nach ihr aus und streichelt sie am Rücken und am Kopf. Mechthild atmet schwer. Nach einer Weile läßt Hellinger Mechthild aufstehen und sich wieder an ihren Platz setzen. Dann wählt er eine Stellvertreterin für die Mutter des Kindes und läßt sie sich auf den Rücken neben das tote Kind legen.

Bild 2

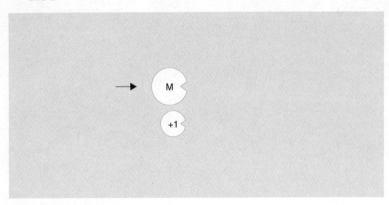

M   Mutter

Die Mutter schaut erst zu dem Kind. Dann wendet sie sich ihm zu, zieht seinen Kopf zu sich und streichelt es. Auch das Kind wendet sich ihr zu. Beide umarmen sich innig und bleiben so für längere Zeit. Dabei streichelt die Mutter dem Kind über den Rücken und über den Kopf.

HELLINGER *nach einer Weile zu Mechthild* Weißt du, was die Lösung ist für dich?
MECHTHILD *wartet erst und atmet schwer* Ich muß es bei der Mutter lassen.
HELLINGER Genau. Sag ihr: »Liebe Schwester.«
MECHTHILD Liebe Schwester.
HELLINGER »Ich lasse dich bei deiner Mutter.«
MECHTHILD Ich laß dich bei deiner Mutter.
HELLINGER Und sag es der Mutter. Wie hast du sie angeredet?
MECHTHILD Mama.
HELLINGER »Mama, ich lasse sie bei dir.«
MECHTHILD Mama, ich lasse sie bei dir.
HELLINGER »Ich gehe jetzt zu meinem Vater.«

MECHTHILD Ich gehe jetzt zu meinem Vater.

HELLINGER *nach einer Weile* Du mußt die Mutter ziehen lassen. Und du mußt sie sterben lassen.

MECHTHILD *atmet tief und nickt* Ja. *Dann schaut sie zu Hellinger.*

HELLINGER Du ziehst dich jetzt zurück und gehst zum Vater. Beim Vater ist der gute Platz. Einverstanden?

Mechthild nickt.

HELLINGER Okay.

Hellinger läßt die beiden Stellvertreterinnen wieder aufstehen.

HELLINGER *zur Stellvertreterin der Mutter* Wie ist es dir gegangen?

MUTTER *seufzt* Es war eine wahnsinnige Traurigkeit – und Schmerz.

HELLINGER Da ist nichts mehr aufzuhalten für die Mutter.

zur Stellvertreterin des toten Kindes Bei dir?

ERSTES KIND † Als die Schwester neben mir lag, war die rechte Seite ganz heiß. Ich wollte sie berühren, ich wollte auch ihre Haut berühren, aber ich wollte sie etwas wegschieben. Es war leichter, als sie dann aufgestanden ist. Es war richtig, daß die Mutter dann daneben war.

HELLINGER Okay. Danke.

zur Gruppe Die meisten Psychotherapeuten, wenn sie mit so einer Situation konfrontiert sind, kümmern sich um die »arme« Mutter, in Anführungszeichen. Aber die Mutter ist nicht zu retten. Da ist nichts zu machen, außer sterben. Wie will jemand nach so etwas weiterleben? Das ist unvorstellbar. Die muß zu den Toten gehen. Das ist der einzige Ruheplatz, der noch möglich ist.

LOTHAR **Die äußerste Grenze**
Wurde von einem Patienten schwer verletzt

HELLINGER *zur Gruppe* Vorhin in der Pause hat mich jemand angesprochen. Darf ich den Arzt bitten hierherzukommen?
zu Lothar Ist es in Ordnung, wenn wir jetzt damit arbeiten?
LOTHAR Ja.
HELLINGER *zur Gruppe* Ich erzähle ganz kurz, was war. Er ist Psychiater und wurde von einem Patienten angegriffen und schwer verletzt. Der wollte ihn umbringen.
zu Lothar Ist es so korrekt?
LOTHAR Ja.
HELLINGER Ich möchte jetzt diese Situation für dich mal aufstellen, um zu sehen, wie die Dynamik da läuft, damit du dich orientieren kannst. Ich nehme also zwei Personen: den Patienten und dich.

Lothar wählt zwei Stellvertreter und stellt sie auf.

Bild 1

A   Arzt (= Lothar)
P   Patient

Beide schauen sich lange an. Dann macht der Arzt einen Schritt auf den Patienten zu, doch nach einer Weile tritt er wieder einen Schritt zurück. Die ganze Zeit schauen sie sich an. Etwas später führt Hellinger den Arzt langsam rückwärts und dreht ihn dann um.

Bild 2

HELLINGER *zum Stellvertreter von Lothar* Wie ist das jetzt?
ARZT Da habe ich weniger Angst.
HELLINGER *zum Stellvertreter des Patienten* Wie ist das bei dir?
PATIENT Es ist besser, wenn er weggeht.
HELLINGER Genau.
PATIENT Es ist nicht aufzulösen. Ich konnte es nicht auflösen.
HELLINGER *zu den Stellvertretern* Bleibt noch einen Augenblick stehen, ihr zwei.
zur Gruppe Ich will das erklären. Wir hatten vorher ein Gespräch. Er hat mir gesagt, er ist zu dem später hingegangen, um sich mit ihm zu versöhnen. Ich habe ihm gesagt: Das darf man nie tun. Auch ein Schizophrener muß voll zu den Folgen seines Tuns stehen. Er ist gemeingefährlich und muß in Sicherheitsverwahrung bleiben. Kein Versuch darf gemacht werden, ihn davon zu befreien.
zu Lothar Dann bekommt er seine Würde. Der Stellvertreter des Patienten zeigt, er kann gar nichts machen. Er ist ja völlig lahm. Nach dieser Tat ist nichts mehr zu machen. Du mußt ihn seinem Schicksal überlassen und dich abwenden, so wie ich das vorgeführt habe. Macht das Sinn?
LOTHAR Ja. Ich spüre jetzt eine Mischung aus Traurigkeit und Schmerz.

HELLINGER Das steht dir nicht zu. Du darfst weder traurig sein, noch darfst du Schmerz empfinden um ihn. Das ist alles eine Entwürdigung der Person und würde ihn böser machen, als er ist.

Lothar nickt.

HELLINGER Hier geht man an die äußerste Grenze. Bist du jetzt klar?
LOTHAR Ja.
HELLINGER Habe ich dich gerettet?

Lothar lacht.

HELLINGER Ja, ich meine das ernst. Sonst bist du noch einmal gefährdet. Ein Krieger kämpft.

Lothar nickt.

HELLINGER Okay, das war's.
zu den Stellvertretern Geht raus aus der Rolle.
zu Lothar Gut so?
LOTHAR Ja.

HELLINGER *zur Gruppe* Irgendwelche Fragen dazu vielleicht?
TEILNEHMER Ich möchte Ihnen eine konkrete Frage stellen im Zusammenhang mit Ihrer Deutung. Ich bin auch Psychiater und schon 40 Jahre tätig. Ich habe Mühe mit dieser Interpretation. Ich empfinde in einer solchen Situation Mitleid, Mitgefühl und Liebe. Mein Vis-à-vis ist ein Kranker, ein veränderter Mensch, und er ist außer Kontrolle.
HELLINGER Ja, das ist die andere Seite. Die Frage ist: Was passiert mit dem, wenn ich mich so verhalte, wie Sie das sagen, oder wenn ich mich so verhalte, wie ich es gezeigt habe? Und was passiert zum Beispiel dann in der Familie dieses Patienten, wenn er Kinder haben sollte, wenn ich mich so verhalte oder so? Entscheidend ist die Wirkung der einen Verhaltensweise und der anderen.

Ich bringe mal ein Beispiel. Ein Mann war zweimal bei mir in einem Kurs, und dann kam auch seine Frau in einen Kurs. Etwas später schreibt sie mir einen Brief: Der Mann hat seine achtzigjährige Mutter erwürgt und sich der Polizei gestellt. Er war ein Unternehmer. Sie hat mich gebeten, ob ich ihm nicht helfen kann. Ich habe ihr gesagt: Ich bin dazu bereit unter Würdigung des Opfers, also daß ich ihm helfe, zu seiner Schuld zu stehen.

Dann wurde ich zur Polizei geladen und sollte ein Gutachten abgeben, daß der nicht zurechnungsfähig war. Das habe ich abgelehnt. Während das Verfahren lief, ist einer seiner Adoptivsöhne tödlich verunglückt. Der Mann wurde freigesprochen aus Mitleid, weil der nicht zurechnungsfähig war.

Der Frau habe ich gesagt: Du mußt dich unbedingt von ihm scheiden lassen, du darfst nicht bei ihm bleiben, du kannst nicht bei einem Mörder bleiben.

Eines Tages stand er bei mir vor der Tür und wollte mir Vorwürfe machen. Ich hätte sehen müssen, daß er so aggressiv ist. Ich habe ihm gesagt: Du gehörst ins Gefängnis, das ist der würdige Platz für dich. Wenn du da nicht drin bist, mußt du dich verhalten, als wärst du im Gefängnis. Da war er mir böse und ist gegangen.

Nach einiger Zeit höre ich, er hat eine Stiftung gegründet, weil er reich war. Er war ein Unternehmer und ganz zurechnungsfähig. Die Stiftung hat er benannt nach dem toten Adoptivsohn, nicht nach seiner Mutter. Die war völlig ausgeklammert.

Jetzt, vor einigen Wochen, habe ich gehört, seine Frau hat sich umgebracht, aber ganz mysteriös. Das kommt vom Mitleid.

FRITZ   »Mama, bitte bleibe«
         Angstzustände

FRITZ Ich habe Angstzustände.
HELLINGER Seit wann?
FRITZ Seit zehn Jahren vielleicht.
HELLINGER Was ist da kurz vorher passiert?
FRITZ Da habe ich mich von meiner Freundin getrennt.
HELLINGER Ist etwas passiert zwischen euch?
FRITZ Nein.
HELLINGER Wie zeigen sich die Angstzustände?
FRITZ Ich habe einen Horror, wenn mich Leute ansprechen.
HELLINGER Das hatte ich auch dreißig Jahre lang. Ich habe mich daran gewöhnt und habe es dann vergessen. *Fritz lacht.*
Jetzt mach mal die Augen zu und stelle dir vor, es spricht dich jemand an, so daß es dir angst macht. Fühle kurz den Horror. Wenn du ihn fühlst, achte darauf, wie alt du bist, wenn du das fühlst.

HELLINGER *nach einer Weile, als Fritz eine unwillkürliche Bewegung macht* Na, wie alt?
FRITZ *schüttelt den Kopf* Es kommt mir vor, als wäre ich noch gar nicht da gewesen, als ob ich noch gar nicht da bin.
HELLINGER Das kann sein. Ist etwas passiert während der Schwangerschaft deiner Mutter?
FRITZ Das weiß ich nicht. Meine Eltern sind schon gestorben.
HELLINGER Hast du etwas gehört, über einen Unglücksfall vielleicht?
FRITZ Nein, das weiß ich nicht.
HELLINGER Wir stellen jetzt deine Mutter auf und dich. Wähle Stellvertreter und stelle sie auf.

Bild 1

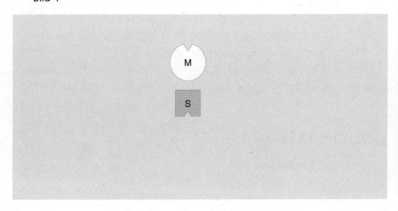

M   Mutter
S   **Sohn (= Fritz)**

Beide bleiben eine Weile unbewegt stehen. Dann dreht sich die Mutter um, legt ihre Hände auf den Rücken des Sohnes und tritt dann vor ihn. Beide umarmen sich innig, und die Mutter streichelt ihm über den Kopf.

Bild 2

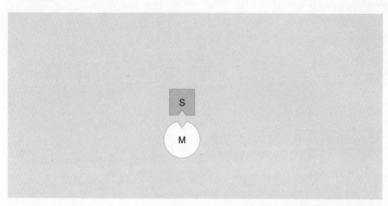

HELLINGER *nach einer Weile zu Fritz* Wie geht es dir, wenn du das siehst?
FRITZ Ich zittere innen drin. Ich kann das irgendwie nicht glauben.
HELLINGER Geh mal selber hin.
zum Stellvertreter von Fritz Wie ist es dir gegangen?
SOHN Ich konnte mich nicht von selbst drehen. Ich hatte Angst vor den vielen Leuten. Es mußte jemand die Initiative ergreifen.

Fritz geht nun zur Mutter. Beide umarmen sich fest. Nach einer Weile wählt Hellinger einen Stellvertreter für den Vater und stellt ihn dazu.

Bild 3

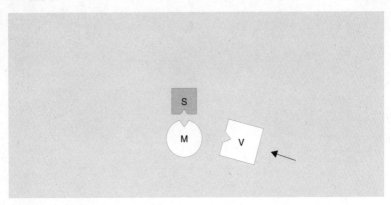

V   Vater

Nach einer Weile beginnt Fritz heftig zu schluchzen.

HELLINGER *zu Fritz* Sag ihr: »Mama, bitte bleibe.«
FRITZ Mama, bitte bleibe.

Mutter und Sohn umarmen sich weiterhin innig und fest.

HELLINGER *nach einer Weile zu Fritz* Wie geht es dir jetzt?

Fritz weint weiter, seufzt tief und kann nicht sprechen.

HELLINGER Schau sie an. – Bei Angst ist es wichtig, jemandem in die Augen zu schauen. Angst entsteht, indem man wegschaut. Wenn die Angst kommt, stell dir vor, du schaust der Mutter in die Augen.

Er schaut ihr in die Augen und lacht.

HELLINGER Siehst du, das ist es.

Fritz und die Mutter umarmen sich wieder. Dann gibt er ihr einen Kuß auf die Wange. Hellinger stellt nun den Vater neben die Mutter, und Fritz stellt er ihnen gegenüber.

Bild 4

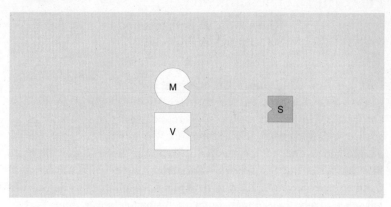

HELLINGER *zu Fritz* Jetzt schaust du deinem Vater auch in die Augen.

Fritz schaut ihm in die Augen und lacht.

HELLINGER Ich glaube, ich hab es für dich. Einverstanden?
FRITZ Ja.

Geschichte: Die Angst

Da ist mal einer in den Krieg gezogen. Er hat sich freiwillig gemeldet, hat sich ein Maschinengewehr besorgt und ging als stolzer Krieger in den Kampf. Der Feind griff an und kam immer näher. In der Armee galt aber das Prinzip, man fängt erst an zu schießen, wenn man das Weiße im Auge des Feindes sehen kann. Losballern kann jeder. Aber abzuwarten, bis man das Weiße im Auge des Feindes sieht, das kostet Kraft.

Der Feind kam also näher, und der Mann sah bereits das Weiße in seinem Auge. Er wollte schießen, konnte aber nicht. Sein Gewehr klemmte. Er fing an zu zittern, und als der Feind ganz nah gekommen war, erkannte er in ihm den Freund.

AUS DEM KURS IN FRANKFURT

ELEONORE Die Umkehr
Rheumatische Arthritis und
Selbstmordgefährdung

HELLINGER *zu Eleonore* Um was geht es?
ELEONORE Ich habe seit sieben Jahren rheumatische Arthritis. Vor
eineinhalb Jahren, als meine jüngere Schwester starb, war es so
schlimm, daß ich total gelähmt war. Es war mir bewußt, daß ich ihr
nachfolgen wollte, auch ohne daß ich von dir gehört hatte. Sie hatte
mir allerdings auch das Buch »Zweierlei Glück« hinterlassen, und
dann habe ich gedacht, ich will dem mal nachspüren, was da ist, weil
ich seit fünfzehn Jahren manchmal auch suizidgefährdet bin.
HELLINGER Das genügt mir schon. Vor kurzem hat mir mal jemand
gesagt, daß bei ganz starker Arthritis die Krankheit bewirkt, daß man
nicht geht. *Eleonore nickt.* Was immer das Gehen bedeutet. Und
manchmal geht die Krankheit, wenn man bleibt.
ELEONORE *lacht* Ich habe mich eigentlich nach dem Lesen des Bu-
ches entschieden, mehr zu bleiben, als ich seit fünfzehn Jahren jemals
wollte. Deswegen bin ich auch hier.
HELLINGER Bist du verheiratet?
ELEONORE Ich bin geschieden.
HELLINGER Hast du Kinder?
ELEONORE Nein.
HELLINGER Wieso hast du dich scheiden lassen? Die äußeren
Gründe nur.
ELEONORE Es war eigentlich eine sehr glückliche und lange Ehe.
HELLINGER Ist etwas passiert?
ELEONORE Es war eine andere Frau da. Aber es war auch, daß mein
Mann damals meinen spirituellen Weg lächerlich gemacht hat. Ich war
nicht geduldig genug, um das aushalten zu können.
HELLINGER Vielleicht war er spiritueller als du?
ELEONORE Deswegen sage ich ja, ich war nicht geduldig genug, das
aushalten zu können.
HELLINGER *lacht* Ich mache das manchmal auch lächerlich.

192

ELEONORE Ich auch.
HELLINGER Inzwischen?
ELEONORE Gerne sogar.
HELLINGER So weit würde ich nicht gehen. *Lachen im Publikum, auch Eleonore lacht laut.*
ELEONORE Ich möchte noch eins sagen. Mein Vater war Alkoholiker und hat in der Nervenklinik Selbstmord gemacht. Seitdem hatte ich Angst, verrückt zu werden. Seine Schwester war auch zehn Jahre in der Nervenklinik und ist dort gestorben. Das war so ein unterliegendes Problem noch.
HELLINGER Ich fange an mit dir und deinem Mann. Wähle Stellvertreter für die zwei und stell sie auf.

Bild 1

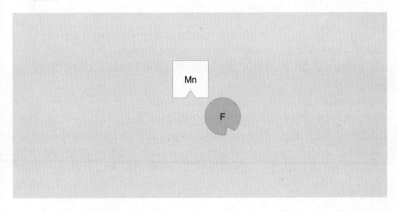

Mn   Mann
F   **Frau (= Eleonore)**

Die Frau schaut auf den Boden. Der Mann schüttelt den Kopf. Nach einer Weile schaut er zu ihr, aber sie rührt sich nicht. Sie neigt ihren Kopf noch tiefer und droht nach vorne zu fallen. Der Mann faßt sie am linken Arm, um sie zu halten, aber sie rührt sich nicht. Er schüttelt den Kopf und läßt wieder los. Er schaut noch eine Weile zu ihr hinüber, dann schaut er nach vorne.

HELLINGER *zu Eleonore* Was sagst du dazu?
ELEONORE *weinend, deutet die Aufstellung* Ich bin sehr traurig. Ich stehe nicht mehr sicher und gerade wie früher. Mein Mann ist einfach da und hat mich auch noch gestützt. Das stimmt auch.
HELLINGER Es ist bei dir kein Mitgefühl mit ihm da.
ELEONORE Ja, ich fühle mich irgendwie sehr traurig, und es tut mir leid, was ich ihm zugefügt habe.

Inzwischen schaut der Mann wieder hinüber zur Frau.

HELLINGER So, wie du redest, bist du ganz auf dich konzentriert und hast überhaupt keinen Blick für den Mann.

Der Mann schaut auf den Boden und schüttelt den Kopf. Dann schaut er wieder zur Frau, schüttelt den Kopf und schaut auf den Boden. Die ganze Zeit bleibt die Frau unbeweglich, droht aber nach vorne zu fallen.

ELEONORE Ich habe schon einen Blick auf ihn.
HELLINGER Du hast von ihm kaum in einer mitfühlenden Weise geredet.
ELEONORE Ich sorge mich jetzt auch um ihn.
HELLINGER Was soll das?! Was soll deine Sorge für ihn?! Im Blick auf dieses Bild ist es überheblich zu sagen, daß du dich um ihn sorgst.

Hellinger stellt nun die Frau dem Mann gegenüber.

Bild 2

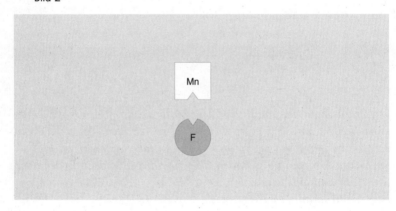

Der Mann lacht sie freundlich an, sie aber blickt weiterhin auf den Boden.

HELLINGER *zu Eleonore* Er ist freundlich, und sie ist verschlossen.

Der Mann schüttelt den Kopf, schaut zu Boden und dann wieder zur Frau.

ELEONORE Das stimmt nicht.
HELLINGER Wir sehen es doch. Wir sehen es hier. Es wird uns hier vorgeführt. Die Mißachtung eines Menschen ist der Anfang eines spirituellen Weges. Das wird uns hier gezeigt.
ELEONORE Ich verstehe das nicht ganz.
HELLINGER Du schwätzt viel zuviel, statt daß du dich von diesem Bild berühren läßt.

Der Mann tritt nun einen Schritt zurück. Auch die Frau tritt einen Schritt zurück und schaut den Mann an.

Bild 3

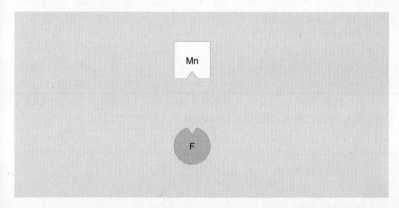

HELLINGER Der einzige Ausweg für den Mann ist, daß er geht. Von wegen eine andere Frau im Spiel! Das ist für ihn der einzige Ausweg, mit dem er seine Würde wahrt und seine Unabhängigkeit gegenüber dem, was von dir ausgeht.

Der Mann nickt.

MANN Es ist vorbei. Es geht nicht mehr. Ich habe lange genug gewartet.
HELLINGER Da ist nichts zu machen.

MANN Ich muß mich umdrehen.
HELLINGER Ja, tu das.

Bild 4

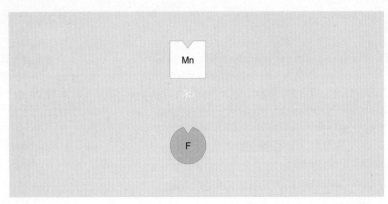

HELLINGER *zu den Stellvertretern* Ihr könnt euch jetzt setzen.
nach einer Weile zu Eleonore, die weint Die Umkehr beginnt mit der Würdigung des Mannes. *Eleonore nickt.* Dann kann man weitersehen. Okay?
ELEONORE Ja.
HELLINGER Gut, da lasse ich es.

zur Gruppe Sie hat mir Angebote gemacht, in ihre Herkunftsfamilie zu schauen. Das wäre Ersatz gewesen.
zu Eleonore Man fängt bei der Gegenwart an. Wenn das gelöst ist, kann man zurückgehen in die Herkunftsfamilie und lösen, was dort noch ungelöst ist.

zur Gruppe Irgendwelche Fragen dazu?
TEILNEHMERIN Ich dachte, der spirituelle Weg ist gar nicht so schlecht. Als du vorhin von der Phänomenologie gesprochen hast, dachte ich, das ist vielleicht so etwas wie ein spiritueller Weg.
HELLINGER *schaut sie lange an* Es gibt noch einen anderen Weg. Der geht von der Höhe zurück zur Erde.

CHARLOTTE   Liebe, die heilt
           Brustkrebs

HELLINGER Um was geht es?
CHARLOTTE Ich habe Brustkrebs.
HELLINGER Seit wann?
CHARLOTTE Vor zehn Monaten bin ich operiert worden.
HELLINGER Wie geht es dir jetzt?
CHARLOTTE Es geht mir gut, den Umständen entsprechend. Ich
habe mich gut davon erholt.
HELLINGER Was möchtest du von mir?
CHARLOTTE Wenn es geht, hätte ich gerne Unterstützung, daß ich
daran glaube und darauf vertraue, daß ich gesund bleiben kann. Ich
habe Angst, wieder zu erkranken, daß es weitergeht.
HELLINGER Mit Recht. Stelle dir vor, du würdest jetzt überzeugt
sein, für immer gesund zu bleiben. Wie geht es dir dann?
CHARLOTTE Das wäre wohl unrealistisch, das ist klar.
HELLINGER Es wäre auch schlimm. Für die Seele wäre es schlimm.
Die Vorgangsweise ist, daß du die Krankheit an dein Herz nimmst und
sie sorgfältig behandelst –, mit Achtung und mit Furcht.
   Mit einer der ersten Krebspatientinnen, mit der ich gearbeitet habe,
habe ich eine Phantasieübung gemacht. Sie sollte sich den Krebs vorstellen, bis sie ein Bild von ihm hatte. Sie sah eine Krake mit vielen
Fangarmen. Dann habe ich sie hinhören lassen, was die Krake sagt.
Die Krake sagte: Weißt du denn nicht, wie gefährlich ich bin? So kam
sie zur Wirklichkeit zurück. Das war vor vielen Jahren. Sie lebt heute
noch. Aber das ist die Haltung, die hier angebracht ist: Achtung auch
vor der Gefährlichkeit.
CHARLOTTE Ich weiß, wie gefährlich die Krankheit ist.

HELLINGER Genau. Ich habe ein ganz einfaches Bild: Du stellst die Krankheit auf und dich neben sie.

Bild 1

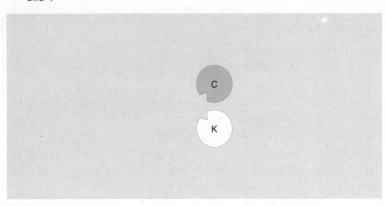

K   Krankheit
C   **Charlotte**

HELLINGER *zu Charlotte, als sie neben der Krankheit steht* Nimm sie bei der Hand.

Die Krankheit schaut Charlotte an. Diese weint und atmet tief. Dann stellt sich die Krankheit ihr gegenüber.

Bild 2

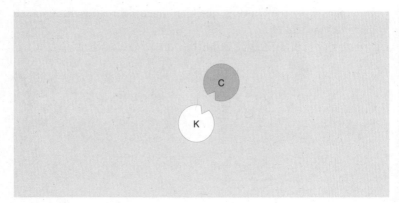

Beide schauen sich lange in die Augen. Die Krankheit nickt freundlich. Nach einer Weile geht Charlotte auf sie zu, und beide umarmen sich innig. Charlotte ist sehr bewegt. Nach einer Weile lösen sie sich voneinander und schauen sich wieder in die Augen.

HELLINGER Okay, gut.

zu Charlotte und der Stellvertreterin der Krankheit Ihr zwei habt das schön gezeigt. Das ist auch ein Modell für die anderen, wie man damit umgeht.

Ich hatte da noch ein bestimmtes Bild. Wer ist denn die Krankheit in Wirklichkeit? Welche Person kann das sein?

CHARLOTTE Ich habe keine Ahnung.

HELLINGER Ich habe die Mutter gesehen.

CHARLOTTE Ja, das macht Sinn. *Sie ist sehr bewegt.*

HELLINGER Ich habe bei Brustkrebs beobachtet, daß manche Patientinnen, die Brustkrebs haben, lieber sterben, als sich vor ihrer Mutter tief zu verneigen. Die Verneigung und die Liebe heilen.

zu Charlotte Gut so?

CHARLOTTE Ja.

AUS DEM KURS IN LINZ

HEDI Tote brauchen Erlösung
Zwei abgetriebene Kinder

HELLINGER *zu Hedi* Um was geht es?

HEDI Es geht um meine Partnerschaft.

HELLINGER Was ist passiert?

HEDI Als ich 19 war, bin ich schwanger geworden, nach einem Mal
in einer Nacht. Ich habe dann einen Abbruch gemacht. Dann lernte
ich jemanden kennen, noch in der Zeit, als ich schwanger war. Wir
verliebten uns. *Sie beginnt zu weinen.*

HELLINGER Was ist passiert?

HEDI Wir wollten heiraten, und ich hatte einen schweren Motorradunfall. Darüber ging diese Partnerschaft auseinander.

HELLINGER Was ist passiert bei dem Motorradunfall?

HEDI Ich hatte eine offene Unterschenkelfraktur dritten Grades. Das
Bein konnte erhalten werden. Aber vor ungefähr vier Jahren ist diese
Narbe wieder aufgegangen. Dann habe ich eine Aufstellung meiner
Ursprungsfamilie bei einer Therapeutin gemacht, und so langsam
schließt sich die Wunde wieder.

Nach dieser ersten Partnerschaft war ich dann zwölf Jahre mit
einem Mann zusammen und war auch wieder schwanger. Da war eine
medizinische Indikation. Danach habe ich sehr zugenommen. Vorher
hatte ich auch schon diese Neigung, aber so ist es schlimm.

HELLINGER Und was soll ich machen?

nach einer Weile, da Hedi nicht antwortet Ich will dir etwas sagen,
wie man fett wird. Man wird fett, wenn etwas fehlt. Was fehlt?

HEDI Der Mann.

HELLINGER Nein, es fehlen zwei Kinder.

200

HELLINGER *nach längerem Schweigen* Okay, stelle jemanden auf für dich und für die beiden Kinder.

Bild 1

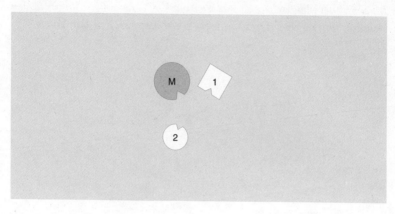

M Mutter (= Hedi)
1 Erstes abgetriebenes Kind, Sohn
2 Zweites abgetriebenes Kind, Tochter

Hellinger gibt den Stellvertretern keinerlei Anweisungen. Der Stellvertreter des ersten abgetriebenen Kindes schaut auf den Boden, beginnt schwer zu atmen, und es schüttelt ihn, als müßte er sich übergeben. Die Mutter schaut jedoch nur auf die abgetriebene Tochter.

Dann dreht Hellinger den Kopf der Mutter zum abgetriebenen Sohn. Beide schauen sich an. Die Bewegung beim Sohn wird noch heftiger. Die Mutter wendet sich ihm zu und legt einen Arm um ihn. Der Sohn kommt näher, lehnt sich unter heftigem Schluchzen an die Mutter, und diese umarmt ihn innig. Beide halten sich fest. Das Schluchzen des Sohnes wird noch stärker. Dann dreht er sich mit der Mutter und wird etwas ruhiger. Dazwischen schaut er sie an, geht aber sofort wieder in die Umarmung.

Dann nehmen sich Mutter und Sohn bei beiden Händen und umarmen sich wieder. Der Sohn sinkt zu Boden, kniet sich vor die Mutter, umfaßt ihre Knie und preßt seinen Kopf in ihren Schoß. Dann kauert er sich zusammen. So bleibt er lange und umfaßt wieder die Knie der Mutter. Dann richtet er sich auf und umarmt die Mutter im Stehen.

Nach einiger Zeit stellt Hellinger beide nebeneinander, so daß die Mutter auch die Tochter anschauen muß. Mutter und Sohn umfassen sich von hinten, und der Sohn legt seinen Kopf an den der Mutter.

Bild 2

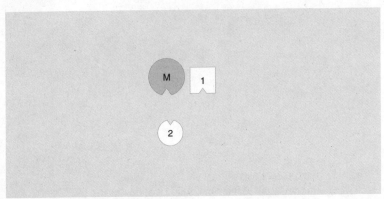

Dann geht die Mutter, während sie den Sohn hält, langsam zur Tochter. Diese bleibt zuerst unbewegt stehen. Die Mutter streichelt ihr über den Kopf und zieht sie zu sich. Dann legt auch die Tochter den Arm um die Mutter, und alle drei umarmen sich innig.

Bild 3

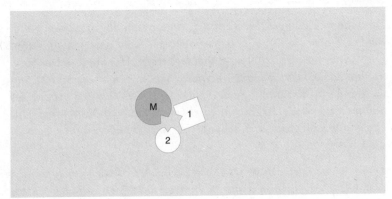

HELLINGER *nach einiger Zeit zu den Stellvertretern* Okay, da lasse ich es. Danke euch allen dreien.
zu Hedi Okay für dich?

Hedi nickt.

HELLINGER *zur Gruppe* Tote brauchen Erlösung, sehr häufig. Hier habt ihr das gesehen, was das heißt.
nach längerem Schweigen Ich erzähle euch eine Geschichte. Vielleicht kennt ihr die schon, aber sie bekommt vielleicht in diesem Zusammenhang eine besondere Bedeutung.

Geschichte: Die Liebe

Einem Mann träumte in der Nacht, er habe die Stimme Gottes gehört, die ihm sagte: »Steh auf, nimm deinen Sohn, deinen einzigen geliebten, führe ihn auf den Berg, den ich dir zeigen werde, und bringe ihn mir dort zum Schlachtopfer dar!«

Am Morgen stand der Mann auf, schaute seinen Sohn an, seinen einzigen geliebten, schaute seine Frau an, die Mutter des Kindes, schaute seinen Gott an.

Er nahm das Kind, führte es auf den Berg, baute einen Altar, band ihm die Hände, zog das Messer und wollte es schlachten. Doch da hörte er noch eine andere Stimme, und er schlachtete, statt seines Sohnes, ein Schaf.

Wie schaut der Sohn den Vater an?
Wie der Vater den Sohn?
Wie die Frau den Mann?
Wie der Mann die Frau?
Wie schauen sie Gott an?
Und wie schaut Gott – wenn es ihn gibt – sie an?

Noch einem anderen Mann träumte in der Nacht, er habe die Stimme Gottes gehört, die ihm sagte: »Steh auf, nimm deinen Sohn, deinen einzigen geliebten, führe ihn auf den Berg, den ich dir zeigen werde, und bringe ihn mir dort zum Schlachtopfer dar!«

Am Morgen stand der Mann auf, schaute seinen Sohn an, seinen
einzigen geliebten, schaute seine Frau an, die Mutter des Kindes,
schaute seinen Gott an. Er gab zur Antwort, ihm ins Angesicht:
»Ich tue das nicht!«
Wie schaut der Sohn den Vater an?
Wie der Vater den Sohn?
Wie die Frau den Mann?
Wie der Mann die Frau?
Wie schauen sie Gott an?
Und wie schaut Gott – wenn es ihn gibt – sie an?

AUS DEM KURS IN FREIBURG

MARIA   Der Platz
Brustkrebs

HELLINGER *zu Maria* Bist du gerüstet?
MARIA Ja.
HELLINGER Was ist bei dir?
MARIA Ich habe einen bösartigen Brusttumor gehabt.
HELLINGER Und wie ist es jetzt?
MARIA Jetzt ist er raus, und ich hoffe, daß ich die Krankheit überwunden habe und überwinde.
HELLINGER Du kannst sie zu dir ins Bett legen.
MARIA Zu mir ins Bett?
HELLINGER Du kannst die Krankheit zu dir ins Bett legen. Wie ist das?
als sie sich wundert und lacht Stell dir das mal vor. Mach die Augen zu.

Sie wird ruhig und gesammelt.

HELLINGER *als sie sich zu ihm wenden will* Laß dir Zeit, ich gebe dir die volle Zeit.

Sie macht die Augen wieder zu und bleibt gesammelt. Nach einer Weile neigt Hellinger ihr den Kopf sachte nach vorne. Sie neigt den Kopf noch tiefer nach vorne, schüttelt einmal den Kopf und atmet dann tief.

HELLINGER *nach einer Weile* Na, was macht die Krankheit, wenn sie bei dir schlafen darf?
MARIA Sie macht sich ziemlich breit.
HELLINGER Okay, dann brauchen wir noch ein bißchen mehr Zeit. Mach weiter.

Sie macht die Augen wieder zu und neigt ihren Kopf tief nach vorne.

HELLINGER Sie darf bei dir im Bett schlafen.

Nach einer Weile beginnt Maria wieder tief zu atmen.

HELLINGER Gib ihr den vollen Raum, den sie beansprucht.
nach einer Weile Wie alt ist sie denn, wenn sie daliegt?
MARIA *zögerlich* Fünfunddreißig *(das Alter von Maria)*.
HELLINGER Okay, mach weiter.

Sie macht die Augen wieder zu und bleibt so lange tief gesammelt. Dazwischen seufzt sie manchmal tief und richtet sich auf.

HELLINGER *nach längerer Zeit* Was ist jetzt?
MARIA Sie lag erst wie eine Decke über mir und hat sich jetzt ans Fußende gerollt, wie eine aufgerollte Decke.
HELLINGER Genau. So geht es, wenn man ihr einen Platz gibt.
MARIA Bleibt sie da jetzt liegen? *Sie lacht.*
HELLINGER Sie bleibt dort liegen – außer, du jagst sie weg. Dann macht sie sich wieder breit.
MARIA Es macht unheimlich angst, das so zu sehen.
HELLINGER Du hast vergessen, daß du am Rand des Todes warst.
MARIA Ja, das stimmt.
HELLINGER Das kannst du nicht mehr vergessen. Du gibst ihm jetzt Raum. Dann hat dein Leben eine andere Tiefe.

Sie ist sehr bewegt und macht die Augen wieder zu.

MARIA *nach einer Weile* Das tut gut.
HELLINGER Genau. Okay. Das war's dann.

LUTZ Vater und Sohn
Sucht

HELLINGER *zu Lutz* Was ist bei dir?
LUTZ Das Problem ist, daß ich das starke Gefühl habe, nicht mein eigenes Leben zu leben. Daß es sich anfühlt, als wäre irgendein Fremdkörper in mir, tief verborgen, der mich daran hindert und gegen den ich auch nichts ausrichten kann. Ich habe das Gefühl, wenn ich es nicht schaffe, den loszuwerden, dann habe ich ganz einfach keine Chance. Er ist sehr bewegt. Wenn ich so zurückschaue, ist eigentlich mein ganzes Leben in destruktiven Bahnen verlaufen, und ich kann auch nichts daran ändern.
HELLINGER Was heißt destruktive Bahnen?

LUTZ Ich hatte als Kind, als Sechsjähriger, schon Selbstmordphantasien. Habe später dann angefangen, viel Alkohol zu trinken, bin polytoxikoman geworden. Es gab auch mehrere Selbstmordversuche, zwei mit Anfang zwanzig und dann noch mal vor sechs Jahren. Ich habe danach eine Therapie gemacht, und es ging eine Weile lang gut. Seit einer Weile schleichen sich alte Dinge ganz einfach wieder ein.

HELLINGER Bist du verheiratet?

LUTZ Nein, ledig.

HELLINGER Hast du Kinder?

LUTZ Nein, auch nicht.

HELLINGER Was ist in deiner Herkunftsfamilie passiert?

LUTZ Was ich aus der Familie meiner Mutter weiß, ist halt, daß ihr ältester Bruder in Rußland vermißt gegangen ist, also aus dem Krieg nicht zurückkam. Mein Großvater väterlicherseits war Arzt und SS-Angehöriger. Gegen Kriegsende, als absehbar wurde, daß alles zusammenbrechen wird, hat er sich selbst und seine ganze Familie, bis auf meinen Vater, vergiftet.

HELLINGER Das reicht.

Lutz weint und schließt die Augen.

HELLINGER *als Lutz das Gefühl abwehren will* Bleib beim Gefühl und schau auf all die Toten.

Hellinger bittet einen Mann, sich hinter Lutz zu stellen, der neben ihm sitzt.

HELLINGER *zu diesem Mann* Leg die Hände auf seine Schultern. Du bist jetzt sein Vater.

Lutz schlägt die Hände vor das Gesicht und schluchzt heftig.

HELLINGER *nach einer Weile zu Lutz* Stelle dir vor, hier vor dir liegen der Großvater und all die Vergifteten und hinter ihm die anderen Opfer deines Großvaters. Jetzt schaust du sie alle an.

Lutz schaut nach vorne und weint. Dann schließt er die Augen.

HELLINGER Schau sie ruhig an, schau sie alle ruhig an. Gleichsam langsam von einem zum anderen gehen und dich auch von ihnen anschauen lassen.

Der Stellvertreter des Vaters hinter Lutz wird unruhig und schaut zur Seite.

HELLINGER *zum Stellvertreter des Vaters* Du kannst nicht hinschauen? Dann leg dich dahin.

Er legt sich vor Lutz mit dem Rücken auf den Boden.

HELLINGER *zu Lutz* Er hat seinen Blick weggewandt, dein Vater konnte da nicht hinschauen. Sag ihm: »Ich schau für dich.«
LUTZ Ich schau für dich.
HELLINGER Und schau dorthin.
LUTZ *nach einer Weile* Es zieht mich zu den Toten hin.
HELLINGER Genau. Stell dir vor, du legst dich jetzt zu denen für eine Zeit. Aber stelle es dir nur vor. Schau sie an und stelle dir vor, du legst dich jetzt zu denen, mit Liebe und Achtung.

Hellinger geht nun zum Stellvertreter des Vaters, der auf dem Rücken liegt, und dreht seinen Kopf zur Seite, weg von Lutz.

HELLINGER *zum Stellvertreter des Vaters* Wende dich auch den Toten zu und mach die Augen auf.

Der Stellvertreter des Vaters schluchzt.

HELLINGER *nach einer Weile zu Lutz* Wie geht es dir jetzt?
LUTZ Es macht sich Erleichterung breit und der Wunsch, zu meinem Vater zu wollen.
HELLINGER Geh zu ihm.

Lutz legt sich links neben seinen Vater. Dann umarmt er ihn und legt den Kopf an seine Brust. Der Vater schaut noch immer zu den Toten. So verbleiben sie lange. Dann schaut der Vater auf seinen Sohn.

HELLINGER Jetzt steht beide auf.

Sie stehen auf, stellen sich nebeneinander und legen von hinten die Arme umeinander.

HELLINGER *zum Stellvertreter des Vaters* Wie ist es jetzt für dich?
VATER Ich habe das Gefühl, ich schaue auch für ihn mit. Ich bekomme so Kraft. Ich will, daß es ihm gutgeht. Das Schauen auf die Toten hat mir die Kraft gegeben. Vorher wollte ich einfach weg, und als ich ihn reden gehört habe, habe ich gemerkt: Nein, da muß ich hin-

schauen. Ich will ihn beschützen, und ich übernehme, was immer nötig ist.

HELLINGER *zu Lutz* Bei dir jetzt?

LUTZ Es gibt mir sehr viel Kraft, daß er bei mir ist, nahe bei mir ist und mich auch stützt.

Vater und Sohn lachen sich an.

LUTZ Es ist so, als wäre so etwas vorher nie dagewesen.

HELLINGER Okay, ich glaube, wir lassen es da?

LUTZ *lacht* Ja, danke.

KATJA   »Es ist gut so«

Ihr Mann und ihr Sohn haben sich umgebracht

HELLINGER *zu Katja* Um was geht es?

KATJA Es ist sieben Jahre her, daß mein Mann und mein Sohn sich innerhalb von einem Vierteljahr umgebracht haben. Ich kann den Schmerz noch immer nicht ganz zulassen.

HELLINGER Vor allem, weil du ihnen böse bist.

KATJA Böse bin ich nicht, ich suche oft …

HELLINGER Wenn der Schmerz nicht aufhört, ist man jemandem böse. Wenn man einen Menschen verliert, den man wirklich liebt, ist der Schmerz nach einiger Zeit vorbei. Aber wenn man ihm böse ist, zum Beispiel, weil er sich umgebracht hat, ist der Schmerz nicht vorbei. Es ist auch kein Schmerz um den anderen, es ist ein Schmerz um einen selbst, und da gibt es dann keine Lösung. Was sagst du dazu?

KATJA Ich muß es erst mal von der Seite sehen.

HELLINGER Wir stellen drei Personen auf: deinen Mann, deinen Sohn und dich. Wähle die Stellvertreter aus und stelle sie in Beziehung zueinander.

Bild 1

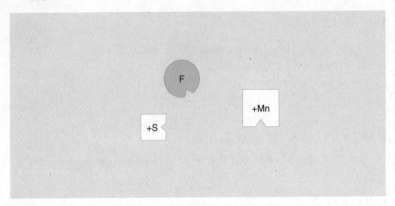

F	Frau (= Katja)
+Mn	Mann, hat sich umgebracht
+S	Sohn, hat sich umgebracht

Der Sohn schaut die ganze Zeit auf den Boden.

HELLINGER *nach einer Weile zur Stellvertreterin von Katja* Wie geht es dir?
FRAU Ich fühle mich als Zuschauer zwischen dem, was hier ist.
HELLINGER Genau.

Hellinger führt sie weiter zurück.

Bild 2

HELLINGER Wie ist das?
FRAU Das ist besser. So sehe ich beide.

Hellinger wendet sie weg.

Bild 3

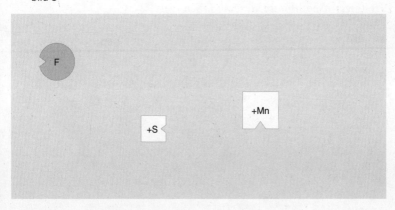

HELLINGER Wie ist das?
FRAU Ich sehe jetzt gar nichts mehr, aber *seufzt* es ist eigentlich ganz gut so.
HELLINGER Genau.
zu Katja Das ist die Lösung. Du kannst da nicht eingreifen.
HELLINGER *zum Mann* Was ist bei dir?

MANN † Ich fühle mich unwohl. Ich weiß nicht, was hinter mir los ist. Komisch.

Hellinger dreht ihn dem Sohn und der Frau zu.

Bild 4

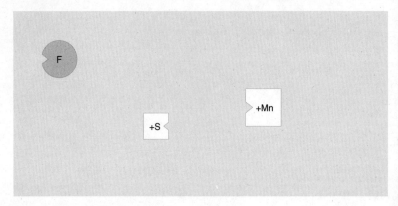

HELLINGER Wie ist das?
MANN † Ich kann damit nicht umgehen.

Hellinger dreht ihn wieder von ihnen weg.

Bild 5

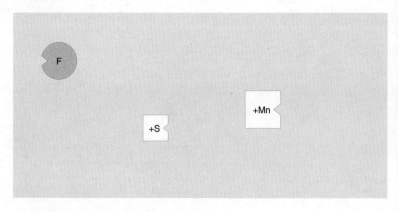

HELLINGER Wie ist das?
MANN † Eine gewisse Erleichterung.
HELLINGER *zum Sohn* Bei dir?

SOHN † Es ist ganz fürchterlich. Ich fühle mich völlig ungeschützt, beobachtet, wie nackt. Ich möchte nur noch im Boden versinken, tot sein, weg sein.

Hellinger führt ihn zu seinem Vater. Er geht mit gesenktem Kopf und hängenden Armen und legt dann seinen Kopf an die Brust des Vaters. Dieser legt den Arm um ihn. Der Sohn schluchzt laut.

Bild 6

HELLINGER *nach einer Weile zur Stellvertreterin von Katja* Dreh dich noch mal um, damit du es siehst.

Bild 7

FRAU *nach einer Weile* Das war jetzt wichtig für mich. Irgendwie spürte ich, daß da etwas war, daß ich aber keinen Teil daran hatte.

HELLINGER *zum Sohn* Wie geht es dir jetzt?

SOHN † *seufzt* Ich fühle mich etwas aufgehoben. Hier ist es so schön warm, und ich höre sein Herz. Das ist gut.

HELLINGER *zum Mann* Bei dir?

MANN † Es ist besser, ja.

HELLINGER *zur Gruppe* Eines ist in solchen Situationen wichtig: Es scheint, als könnten wir die Toten beeinflussen, im Guten wie im Schlimmen. Wenn man sie nicht gehen läßt, ist es schlimm für sie. Was immer da war, zusammen finden sie ihren Frieden.

zu Katja Okay für dich?

KATJA Ja.

HELLINGER *zu den Stellvertretern* Jetzt geht wieder aus der Rolle raus.

zu Katja Wie geht es dir jetzt?

KATJA Mir geht es jetzt besser. Es ist wirklich so gewesen. Ich habe mich wie im Kino gefühlt. Der Sohn wollte ganz zum Vater, und ich habe es einfach nicht wahrhaben wollen. Es ist gut so. Danke.

HELLINGER Und jetzt ist die Abwendung wichtig, weg von ihnen und hin auf die Zukunft.

Vom Lassen der Toten

HELLINGER *zur Gruppe* Bei Selbstmord haben die Überlebenden oft die Vorstellung, sie hätten das verhindern können. Sie fühlen sich dann schuldig, oft sogar so, als hätten sie die umgebracht. Aber wer sich umbringt, der bringt sich selber um. Man kann das niemals auf einen anderen verschieben. Wir wissen ja nicht, was dahinter wirkt. Praktisch ist es immer eine Verstrickung.

Wenn in einer Familie das Schicksal eines Toten nicht geachtet ist – das kann weit zurückliegen, manchmal mehrere Generationen –, dann entsteht bei Nachfahren ein für sie unerklärlicher Drang, sich umzubringen. Und sie wissen nicht, wieso.

Oder wenn Vater oder Mutter früh sterben, haben Kinder oft den Drang, ihnen in den Tod nachzufolgen. Oder wenn sie sehen, daß einer der Eltern sterben will, dann sagen sie: »Ich mache es an deiner Stelle.«

Das gibt es auch zwischen Partnern, daß der eine Partner, wenn er merkt, daß der andere sich umbringen will, es an seiner Stelle macht. Dahinter wirkt eine tiefe Liebe und Achtung, aber völlig unbewußt.

Für jene, die spüren, daß sie selbstmordgefährdet sind, ist es eine heilsame Übung, daß sie zu den Toten ihrer Familie gehen. Daß sie sich also vorstellen, sie lassen sich ins Totenreich hinabsinken, legen sich neben alle diese Toten. Das ist sozusagen ein vorweggenommener Selbstmord, wenn man will. Man geht zu den Toten, bleibt eine Zeitlang bei ihnen liegen und wartet. Dann kommt in der Regel von den Toten ein Hinweis oder eine Kraft, die dem Leben dient. Für das öffnet man sein Herz, und dann geht man wieder zurück ans Licht. Das ist eine heilsame Übung.

Umgekehrt zieht es einige zu den Toten hin, weil sie die Vorstellung haben, daß es für die Toten gut ist, wenn sie zu ihnen gehen. Sie stellen sich nicht dem, was von den Toten kommt. Das wirkt sich schlimm aus. Und es gibt welche, die halten sich in Gedanken dauernd bei den Toten auf.

zu Katja Du hast das so gemacht. Du hast dich bei den Toten aufgehalten statt bei den Lebenden. Auch das ist schlimm.

Das Schauen

Es gibt einen inneren Widerstreit zwischen den Bildern, die wir uns machen, oder den Gefühlen, den Hoffnungen, den Ängsten, die wir haben, und dem Schauen. Wer schaut, hat keine Angst. Das ist das erste. Wer in einem heftigen Gefühl ist und dann schaut, der merkt, daß dieses Gefühl sich ändert auf etwas ganz Einfaches hin, etwas Schlichtes.

So arbeitet der Therapeut: Er führt den Klienten dahin, daß er schaut, und zwar unabhängig von seinen Bildern, von seinen Ängsten, von seinen Hoffnungen, was immer. Der Therapeut ist selber ein Schauender, der sich nicht beeindrucken läßt von den Ängsten eines Klienten oder den Gefühlen eines Klienten oder den Hoffnungen eines Klienten. Sondern er schaut, was in dem Augenblick ist, und nimmt es ernst.

Wenn jemand in heftige Gefühle geht, macht er oft die Augen zu. Diese Gefühle hängen an Bildern, deswegen macht er die Augen zu. Wenn er die Augen aufmacht, kann er diese Bilder nicht mehr festhalten. Dann wandelt sich das Gefühl, und man erreicht den Grund, auf dem man dann gehen kann.

VERONIKA »Ein Unglück reicht«
Manisch-depressiv

HELLINGER *zu Veronika* Wie geht es dir?
VERONIKA Ich habe mir überlegt, daß ich krank bin. Ich bin manisch-depressiv.
HELLINGER Weißt du, was manisch heißt?
VERONIKA Ja.
HELLINGER Was heißt das?
VERONIKA Sehr hoch sein.
HELLINGER Im Himmel sein, heißt das. Im Himmel ist man tot, weißt du das? Jeder, der im Himmel ist, ist tot. Wer in den Himmel will, will sterben, und wer sterben will, will in den Himmel, je nachdem. Ich habe herausgefunden, daß das Manische damit zusammenhängt, daß einer jemanden vertritt, der tot ist, und daß er mit dem in den Himmel will. Macht das Sinn für dich?

Veronika nickt heftig und beginnt zu weinen.

HELLINGER Jetzt schauen wir uns mal die Wirklichkeit an. Also, ich bin eine Wirklichkeit, und du bist eine Wirklichkeit. Schau mich mal an. Also, wer ist der oder die Tote?
VERONIKA Die Tote ist die erste Frau von meinem Großvater mütterlicherseits.
HELLINGER Was war mit ihr?
VERONIKA Sie hat sich in der Badewanne verbrannt. *Sie schluchzt.*
HELLINGER Paß auf. Sie hat das gemacht. Und was machst du?
VERONIKA Ich bringe mich um.
HELLINGER Schau sie jetzt mal an in der Badewanne.
als Veronika den Kopf schüttelt und abwehrt Du mußt hinschauen. Habe ich nicht gerade was vom Schauen erzählt? *Sie lacht.* Genau. Man schaut dem ins Auge.

Sie schaut nun ruhig nach vorne.

HELLINGER *nach einer Weile* So etwas macht jemand nur aus Verzweiflung.

Veronika nickt und schaut weiterhin nach vorne. Dann senkt sie den Kopf und weint.

HELLINGER *nach einer Weile* Stell dir vor, du wärst in der Badewanne gelegen und hättest dich verbrannt. Und dann kommt jemand nach zwei Generationen und will deswegen aus dem Fenster springen. Wenn du das wüßtest, wie ginge es dir in der Badewanne?
VERONIKA Das würde mich nicht stören.
HELLINGER Geh erst mal richtig rein, du warst noch nicht richtig drin.

Sie schaut wieder nach vorne.

HELLINGER Bist du verheiratet? *Sie nickt.* Hast du Kinder? *Sie schüttelt den Kopf.*
HELLINGER Könntest du dir vorstellen, du hättest Kinder? Wie das wäre?
VERONIKA Ich habe keine Kinder wegen der Krankheit.
HELLINGER Das ist okay. Aber stell dir mal vor, du hättest jetzt Kinder und Enkelkinder, und du stehst jetzt am Fenster und willst hinausspringen. Auf einmal erkennst du, daß dann zwei Generationen später sich jemand in der Badewanne verbrennen will wegen dir, aus Liebe zu dir. Wie geht es dir dann am Fenster?
VERONIKA Dann springe ich nicht.
HELLINGER Und was würdest du, wenn du wirklich springst, der Enkelin sagen?

Sie überlegt lange.

HELLINGER Ich kann es dir sagen. Soll ich es dir sagen? Ja? *Sie nickt.* Ein Unglück reicht.

Veronika lacht und nickt.

HELLINGER Das würde sie sicherlich auch zu dir gesagt haben.
VERONIKA Ja.
HELLINGER Das sagt sie jetzt noch zu dir.

Sie neigt den Kopf und weint.

HELLINGER *nach einer Weile* Ich bin kein Fachmann, aber ich habe mir sagen lassen: das Manisch-Depressive ist heilbar. Einverstanden? *Veronika lacht.* Okay.

AUS DEM KURS IN BERN

FERDINAND UND MONIKA
»Es ist unser Kind«
Paar mit einem schwerbehinderten Kind

HELLINGER *zu Ferdinand und Monika* Um was geht es?

FERDINAND Ich weiß im Moment gar nicht, wo ich anfangen soll. Wir haben eine Krise in unserer Beziehung. Wir haben eine dreijährige Tochter. Es war eine ganz schwierige Geburt. Sie ist ziemlich schwer behindert.

HELLINGER Was ist die Behinderung?

FERDINAND Eine sogenannte Leukodystrophie. Das ist eine Hirnschädigung. Es fehlt ein bestimmter Stoff, den man das Myelin nennt, und das verzögert sehr stark die Entwicklung, sowohl körperlich wie geistig. Die Ärzte können uns keine Prognose geben, wie es weitergeht. Das Kind hat uns die letzten drei Jahre sehr gefordert. Am Anfang hatte das Kind eine Kanüle, und wir waren eigentlich mehr oder weniger in einer Intensivstation zu Hause mit medizinischer Betreuung noch dazu. Mittlerweile geht es dem Kind besser, aber in unserer Beziehung haben wir uns immer mehr voneinander entfernt. Ich erlebe, daß wir uns emotional wenig unterstützen können. Vor allem die schwierigen Gefühle, die Trauer, die Verlassenheit, die Perspektivlosigkeit, können wir sehr schlecht miteinander teilen, und es ist eine starke Einsamkeit entstanden.

HELLINGER Möchte die Frau etwas dazu sagen?

MONIKA Dieses Kind ist mein vierter Versuch, schwanger zu werden. Er ist geglückt. Vorher hatte ich mit Ferdinand noch zwei Fehlgeburten. In der Schwangerschaft hatte ich ziemliche Angst, auch dieses Kind zu verlieren. Eigentlich ist seit der ersten Fehlgeburt, die wir zusammen erlebt haben, die Distanz gewachsen. Wir fühlen uns beide einsam in der Beziehung. Trotzdem würden wir gerne zusammen sein.

HELLINGER Wir stellen jetzt nur das Kind auf, also eine Stellvertreterin für dieses Kind.

zu Monika Willst du jemanden auswählen?

HELLINGER *zur Stellvertreterin, die Monika ausgewählt hat* Hast du schon mal gesehen, wie so etwas geht? *Sie nickt.* Okay. Jetzt sammle dich erst einmal in das Kind hinein in der Beziehung zu den Eltern und laß geschehen, was geschehen möchte.

Bild 1

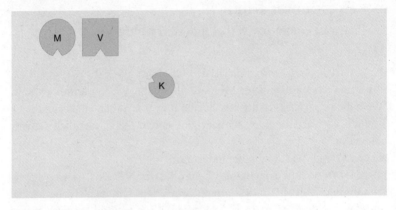

K   Kind, Tochter, schwer behindert
V   Vater (= Ferdinand)
M   Mutter (= Monika)

Die Stellvertreterin des Kindes atmet tief, schaut auf den Boden und dann zu den Eltern, die neben Hellinger sitzen. Sie schluchzt laut, schaut aber weiterhin auf die Eltern. Nach einer Weile steht Hellinger auf und führt sie einige Schritte rückwärts, weg von den Eltern. Er hält sie am Arm, während sie weiterhin auf die Eltern schaut.

Dann führt er sie wieder ein paar Schritte zurück, hält sie weiterhin am Arm und führt sie nach einer Weile noch einige Schritte weiter zurück. So bleibt sie lange stehen.

Bild 2

Nach einer Weile wählt Hellinger zwei Stellvertreter für die fehlgeborenen Kinder und stellt sie hinter das behinderte Kind, das laut schluchzt. Das eine fehlgeborene Kind schaut dauernd auf den Boden.

Bild 3

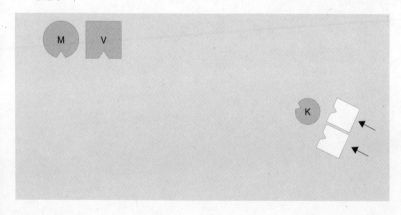

HELLINGER *nach einer Weile zur Stellvertreterin des behinderten Kindes* Dreh dich um.

Bild 4

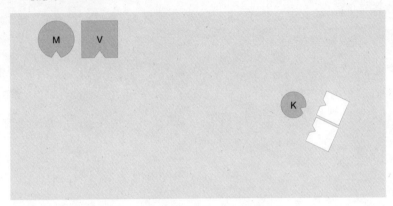

Das behinderte Kind schaut die fehlgeborenen Kinder an und weint. Dann wird es ruhiger. Die fehlgeborenen Kinder fassen sich bei der Hand und legen den Arm um die Schwester. Nach einer Weile führt Hellinger die Schwester ganz nah zu den fehlgeborenen Geschwistern. Diese umarmen sie innig. Dann ruft Hellinger auch die Eltern herbei. Sie umarmen ihre Kinder unter lautem Schluchzen.

Bild 5

HELLINGER *nach einer Weile zur Stellvertreterin des behinderten Kindes* Jetzt dreh dich um, so daß du die Eltern sehen kannst, und lehn dich an die fehlgeborenen Geschwister an.

Bild 6

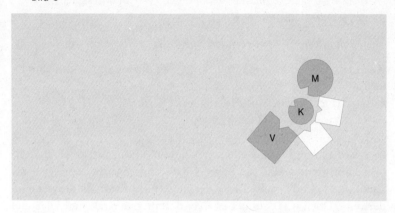

Das behinderte Kind legt die Arme um Vater und Mutter. Dann schließen alle wieder den Kreis und umarmen sich lange.

Bild 7

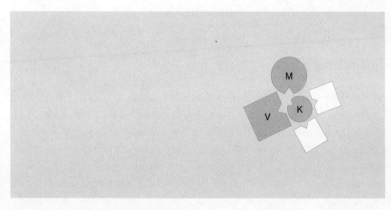

HELLINGER *nach einer Weile zur Stellvertreterin des behinderten Kindes* Wie geht es dir?
BEHINDERTES KIND Sehr gut.
HELLINGER Der Mutter?
MONIKA Ich fühle mich sehr unterstützt. Wir sind zusammen.

HELLINGER Der Vater?

FERDINAND Ich fühle viel Liebe und fühle mich ganz verbunden.

HELLINGER *zu Monika* Sag deinem Mann: »Es ist unser Kind.«

MONIKA Es ist unser Kind.

HELLINGER *zu Ferdinand* Schau deine Frau an und sag es ihr auch.

FERDINAND Es ist unser Kind.

Die Stellvertreterin des behinderten Kindes schluchzt heftig.

HELLINGER *zum behinderten Kind* Sag ihnen: »Ihr seid meine Eltern.«

BEHINDERTES KIND Ihr seid meine Eltern.

HELLINGER Okay, da lasse ich es.

zu Ferdinand und Monika Wenn Mann und Frau sich zu einer Paarbeziehung finden, sind sie voller Glück und schauen freudig in die Zukunft. Sie sind angetrieben von einer großen Kraft, die sie zueinandertreibt. Doch was dahinter ist oder darunter an Kraft und Tiefe und Liebe und Forderung, das bleibt ihnen noch verborgen. Es kommt erst langsam ans Licht – wie jetzt bei euch –, was das wirklich heißt. Wenn man mit dieser Kraft in Verbindung kommt, erscheint das vordergründige Glück als klein. Aus der Verbundenheit mit dieser Kraft und ihrer Tiefe könnt ihr wieder zueinanderfinden.

Behinderte Kinder

Wenn Eltern ein behindertes Kind bekommen, rücken die Eltern manchmal auseinander, weil sie insgeheim sich oder dem anderen einen Vorwurf wegen der Behinderung machen, als sei jemand schuld. Die Lösung ist hier, daß die Eltern sich gegenseitig anschauen und sagen: »Es ist unser Kind, und wir sorgen für es gemeinsam, so, wie es uns als Eltern braucht.« Dann können die Eltern zusammenrücken und sich gegenseitig in der Pflege des behinderten Kindes unterstützen und stärken.

Oft ist es so, daß die Umgebung Eltern mit einem behinderten Kind bedauert, als hätten sie ein schlimmes Los gezogen. Wenn man sich aber so eine Familie anschaut, wie sie mit einem behinderten Kind umgeht, und sieht, welche Kräfte in dieser Familie freigesetzt werden, Kräfte der Liebe, Milde und auch der Disziplin, dann sieht man, daß das behinderte Kind für diese Familie etwas Besonderes bedeutet. Die Familie mit einem behinderten Kind strahlt auf die Umgebung aus. Viele Illusionen, die man sich sonst vom Glück und vom Leben macht, werden gedämpft und machen Platz für eine tiefe Zuneigung zum Leben, so, wie es ist, auch mit seinen Grenzen.

Fehlgeborene Kinder

Wenn in einer Familie mehrere Kinder hintereinander fehlgeboren oder totgeboren werden oder früh sterben, führt das oft zu einer Trennung zwischen den Eltern. Die Lösung für sie wäre, daß sie gemeinsam trauern. Wenn die Trauer sein darf, fließt die Liebe. Es zeigt etwas von der Größe der Elternschaft, Kinder zu haben und auch Kinder zu verlieren und doch zusammenzuhalten.

MONIKA »Ich lasse dich bei deinen Eltern«
Mißbrauch in der Familie der Mutter

HELLINGER *zu Monika* In deiner Herkunftsfamilie ist noch etwas ungelöst. Was ist da passiert?
MONIKA Zum Beispiel?
HELLINGER Wie viele Kinder seid ihr?
MONIKA Vier.
HELLINGER Ist eines gestorben?
MONIKA Nein.
HELLINGER War von deinen Eltern jemand vorher in fester Bindung?
MONIKA Nein.
HELLINGER Gibt es irgendwo uneheliche Kinder?
MONIKA Nein.
HELLINGER Was war in der Herkunftsfamilie der Mutter?
MONIKA Die Großeltern, also die Eltern der Mutter, sind schwierig für mich und meine Mutter.
HELLINGER Was ist passiert?
MONIKA Meine Großmutter war eine sehr kalte, kühle Frau, die um ihr Leben kämpfen mußte. Mein Großvater war ein sehr unberechen-

barer Mann, der, ich glaube, seine Töchter mißbraucht hat, und, so glaube ich, auch mich. Die Großmutter hatte viel Macht über meine Mutter.
HELLINGER Das genügt mir.
Wir stellen jetzt auf: die Großmutter, deine Mutter und dich. Suche die Stellvertreter aus.

Nachdem Monika die Stellvertreter ausgesucht hat, stellt Hellinger sie auf.

Bild 1

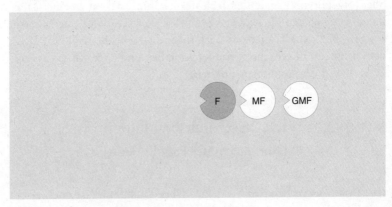

F	**Frau (= Monika)**
MF	Mutter der Frau
GMF	Großmutter der Frau

Die Mutter von Monika lehnt sich an die Großmutter an, und die Stellvertreterin von Monika an die Mutter. Die Mutter von Monika fängt an zu zittern. Hellinger wählt einen Stellvertreter für den Großvater und stellt ihn neben die Großmutter.

Bild 2

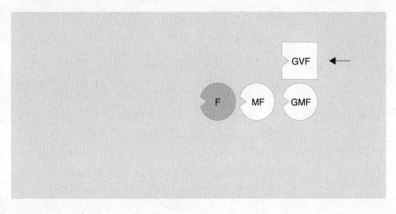

GVF   Großvater der Frau

Die Mutter von Monika zittert noch heftiger. Sie droht nach links zu fallen und zusammenzubrechen. Sie schlottert am ganzen Körper und wird von den anderen umringt und festgehalten. Hellinger führt die Stellvertreterin von Monika weiter weg. Die Mutter wird von ihren Eltern gehalten, während sie weiterhin zittert. Dann beruhigt sie sich etwas. Hellinger fordert sie auf, sich ihren Eltern zuzuwenden und um beide den Arm zu legen.

Bild 3

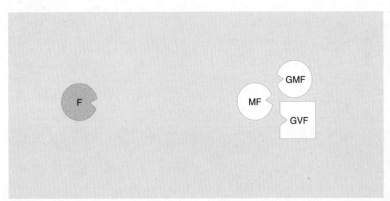

Die Mutter von Monika beginnt wieder, heftig zu zittern, und schreit laut. Beide Eltern umarmen sie und halten sie fest. Dann beruhigt sie sich langsam.

HELLINGER *nach einer Weile zur Mutter von Monika* Jetzt schau deine Eltern an und sag jedem von ihnen: »Ja.«

Sie schaut beide lange an und sagt zu jedem der Eltern nach einigem Zögern »Ja«.

HELLINGER *zur Mutter von Monika* Jetzt lehne dich wieder mit dem Rücken an beide Eltern an und schau nach vorne.

Sie lehnt sich an die Eltern an, und diese halten sie an den Schultern.

Bild 4

HELLINGER *zur Stellvertreterin von Monika* Wie geht es dir jetzt?
FRAU In der Distanz besser. Vorhin hatte ich einen verkrampften Rücken. Ich fühle mich aber unbeteiligt.
HELLINGER Sag deiner Mutter: »Ich lasse dich bei deinen Eltern.«
FRAU Ich lasse dich bei deinen Eltern.

Hellinger wählt einen Stellvertreter für den Vater von Monika und stellt ihn ins Bild.

Bild 5

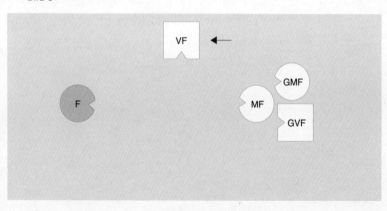

VF   Vater der Frau

HELLINGER *zur Mutter von Monika* Was ist bei dir, wenn er da steht?
MUTTER DER FRAU Ich bin mir nicht sicher. Aber es ist jetzt jemand da. Die Wand zu meiner Tochter ist nicht mehr so stark. Für mich könnte sie jetzt etwas näherkommen.

Hellinger stellt nun den Vater von Monika neben ihre Mutter.

Bild 6

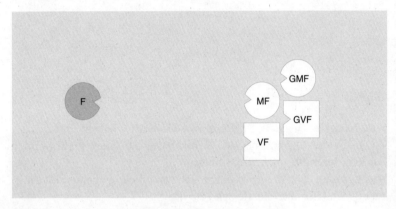

HELLINGER *zur Mutter von Monika* Wie ist das?
MUTTER DER FRAU Das gefällt mir viel besser.
VATER DER FRAU Ich lerne sie erst kennen.
HELLINGER *zur Stellvertreterin von Monika* Bei dir jetzt?
FRAU Ich fühle mich immer noch unbeteiligt.

Hellinger führt die Stellvertreterin von Monika zu ihren Eltern und läßt sie sich mit dem Rücken an beide anlehnen. Nach einer Weile holt er nochmals die Stellvertreterin ihres behinderten Kindes und läßt sie sich mit dem Rücken an die Mutter anlehnen.

Bild 7

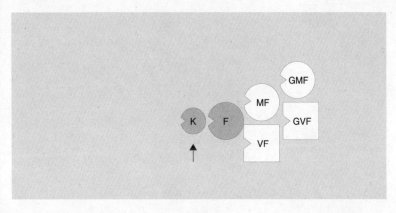

K   Kind, Tochter, schwer behindert

HELLINGER *nach einer Weile zur Stellvertreterin von Monika* Gib dem Impuls nach.

Die Stellvertreterin von Monika neigt den Kopf zu dem Kind und weint. Sie umarmt es von hinten. Beide sind sehr bewegt. Das Kind lehnt sich zurück, legt den Kopf auf die Schulter seiner Mutter, schmiegt sich rückwärts an sie und seufzt tief. Nach einer Weile stellt Hellinger es seiner Mutter gegenüber.

Bild 8

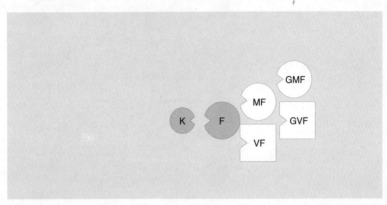

Das Kind streichelt seiner Mutter über die Wange. Beide schauen sich lange an. Dann lacht das Kind die Mutter an. Beide halten sich bei den Händen. Die Mutter atmet tief.

HELLINGER Okay, das war's.
zu Monika Ist es gut für dich?

Monika nickt.

Erinnern, das löst

HELLINGER Ich möchte noch etwas sagen über das Erinnern.
　Traumatische Ereignisse wie Mißbrauch werden oft verdrängt, so daß sie nicht mehr im Bewußtsein sind. Freud hat gesagt, wenn man das Verdrängte ans Licht bringt, ist Heilung möglich. Aber das reicht nicht. Das Ans-Licht-Bringen reicht nicht.
　Es muß noch das dazukommen, was wir hier gesehen haben. Man muß dem Ereignis zustimmen. Man muß der Wirklichkeit zustimmen, wie sie war. Ohne Bedauern, daß es so war. Ohne den Wunsch, es hätte

anders sein sollen. Dann wird auch das schlimme Ereignis zu etwas Friedlichem, zu einer Kraft.

Wir müssen Abschied nehmen von den Vorstellungen von Heil, die wir vorher vielleicht hatten. Denn das Große ist fürchterlich. Wer ihm ins Auge schaut und ihm zustimmt, für den kommt in dem Füchterlichen etwas Verborgenes ans Licht: eine unglaubliche Liebe. Das ist das Merkwürdige dabei.

zu Monika Jetzt schau mal deinem Mann in die Augen.

Beide schauen sich lange in die Augen. Ferdinand nickt ihr zu. Dann legt er den Arm um sie, und sie legt ihre Hand auf sein Knie.

HELLINGER *zu Monika und Ferdinand* Da lasse ich es. Alles Gute für euch!

zur Gruppe Hier haben wir mehrere Schichten des Erinnerns gesehen. Zum ersten waren die fehlgeborenen Kinder nicht erinnert. Wir konnten sehen, was geschieht, wenn Tote, die vergessen waren, weil es weh getan hat, sie zu verlieren, auf einmal wieder da sein dürfen, und was geschieht, wenn man zu ihnen hingehen darf. Denn die Toten sind anwesend. Sonst könnten sie nicht eine solche Wirkung auf die Lebenden haben. Sie sind anwesend auf eine verborgene Weise. Wir können ihre Anwesenheit anerkennen, indem wir uns zu ihnen gesellen, vielleicht sogar zu ihnen legen.

zu Monika und Ferdinand Ihr könnt euch zum Beispiel vorstellen, daß diese Kinder im Bett zwischen euch liegen. Das Merkwürdige, was dann passiert, ist: Sie gehen nach einiger Zeit aus dieser Mitte weg. Was anerkannt und geliebt ist, zieht sich nach einiger Zeit zurück. Wenn diese Kinder so anerkannt sind, kommt von ihnen etwas Kräftigendes, so daß ihr Kraft habt für das behinderte Kind. Das ist die eine Schicht der Erinnerung.

Dann hatten wir hier als zweites die Erinnerung an einen Täter, an den Großvater, ohne daß wir ins Detail zu gehen brauchen und gehen wollen. Das müssen wir nicht. Auch die Täter werden oft ausgeklammert und aus dem Herzen verbannt.

Es gibt da eine Übung, die hilft. Wenn man sich an seinen eigenen Lebenslauf erinnert, kommt jeder an Orte, an denen er schuldig wurde, an denen er jemanden verletzt hat, an denen er böse und ein Täter war. Wir wollen das oft nicht wahrhaben und verdrängen es dann. Es wird zu unserem Schatten, den wir verleugnen.

Wenn wir uns jetzt im Wissen um die eigene Schuld und um das eigene Schlimme, das wir angerichtet haben, neben den Täter legen, neben den toten Täter legen, bis wir ganz ruhig sind und eins mit ihm, sind wir versöhnt. Der Täter ist versöhnt, weil sein Schlimmes aufhört, indem die anderen sich neben ihn legen. Und wir sind versöhnt, denn das Merkwürdige dabei ist: In der Zustimmung zum Täter hört auch das eigene Böse auf.

Noch etwas ist dabei zu bedenken: Die Opfer und die Täter sind beide eingebunden in etwas, was hinter ihnen wirkt. Deswegen greifen wir viel zu kurz, wenn wir nur auf die Täter und die Opfer schauen oder auf die Lebenden und die Toten. Hinter ihnen wirkt etwas Größeres, das wir nicht durchschauen. Ich nenne es die große Seele. In ihr sind alle aufgehoben.

zu Monika Jetzt schaust du viel glücklicher aus als vorher. Okay, das war's.

JÜRGEN UND FRANZISKA

Die Achtung
Paar mit Beziehungsproblemen

HELLINGER *zu Jürgen und Franziska* Um was geht es bei euch?
JÜRGEN Wir führen seit über 20 Jahren eine Ehe und haben zwei Kinder. Die erste Zeit war eigentlich gut. Mit der Zeit haben wir uns immer mehr auseinandergelebt. Im Moment leben wir einfach wie Geschwister im gleichen Haus, da ist überhaupt kein Funke mehr. Ich merke das an meiner Energie. Die Ehe braucht mir zuviel Energie. Ich bin immer müde. Im Beruf und im Sport habe ich auch die Energie nicht mehr, die ich früher hatte. Doch wenn ich aus der Ehe bin, bei einer Freundin, habe ich wieder Kraft, dann steigt mein Leben wieder.
HELLINGER Du hast eine Freundin?
JÜRGEN Ja.
HELLINGER Wie lange schon?

JÜRGEN Das hat immer ein bißchen gewechselt. Am Anfang hatte ich ein schlechtes Gefühl dabei, aber jetzt, mit der Zeit, finde ich es gerechtfertigt.
HELLINGER Bevor ich bei der Frau frage, stelle jemanden für dich, für deine Frau und für die Freundin.

Bild 1

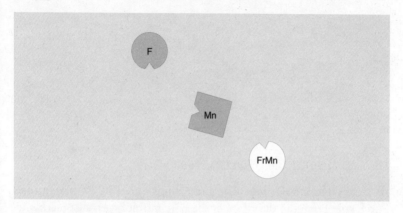

Mn   Mann
F   Frau
FrMn Freundin des Mannes

HELLINGER Wie geht es der Frau?
FRAU Ich will die Freundin mehr sehen. Also, mein Mann ist mir ein bißchen im Weg. *Lachen im Publikum.*
HELLINGER Wie geht es dem Mann?
MANN Ich spüre etwas im Rücken. Am liebsten möchte ich da nach vorne raus, aber irgend etwas hält mich auf. Ich muß auch immer wieder zu meiner Frau schauen.
HELLINGER Wie geht es der Freundin?
FREUNDIN DES MANNES Mir geht es ähnlich, ich würde gerne davonspringen. Trotzdem möchte ich die Frau kennenlernen oder wissen, wer sie ist.

HELLINGER Stell dich mal neben sie.

Bild 2

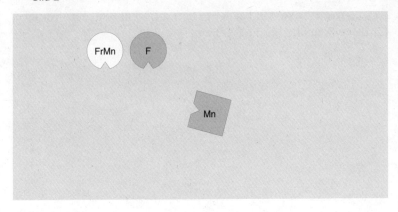

Die Frau lacht, als die Freundin neben ihr steht.

HELLINGER *zur Gruppe* Die Frau blüht auf. Das ist häufig, daß durch eine Freundin des Mannes die Frau aufblüht. Das ist merkwürdig.

Die beiden Frauen lachen sich an.

HELLINGER *zum Mann* Wie geht es dir jetzt?
MANN Hinten ist jetzt frei, und die zwei da finde ich lustig. *Er lacht.*
HELLINGER Genau.

Hellinger führt ihn näher zur Frau.

HELLINGER Probier aus, wie nahe du ran möchtest.

MANN Es ist gut hier.

Bild 3

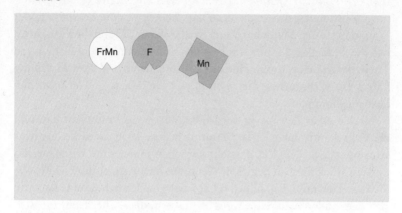

HELLINGER *zur Gruppe* Die Freundin rettet die Ehe, wenn man es mal ganz unbefangen und ohne Vorurteile anschaut.
zu Franziska Was sagst du dazu?
FRANZISKA Das kann ich sehr gut nachvollziehen. Ich denke, das ist so.
HELLINGER *zu den Stellvertretern* Ich danke euch, ihr könnt euch wieder setzen.
zu Jürgen Was sagst du dazu?
JÜRGEN Ich verstehe es einigermaßen, weil der fehlende Teil mir ja durch die Freundin ersetzt wird.
HELLINGER Wie ging es dir, als du das angeschaut hast?
JÜRGEN Gut.
HELLINGER Ich will dir noch etwas verraten, was hilft: Wenn du die Freundin hast, habe sie mit Achtung vor der Frau. Okay? *Jürgen nickt.*
HELLINGER *zu Franziska* Möchtest du noch etwas sagen?
FRANZISKA Die ganze Sache macht mir noch ein bißchen Mühe, das ist ganz klar. Wir haben schon seit etwa 22 Jahren unsere Beziehungsprobleme. Ich hatte nie den Mut zu gehen, obschon es mir nicht wohl ist. Irgendwie haben wir noch etwas miteinander zu erledigen, aber ich weiß nicht, was. Deshalb sind wir hier, zu schauen, was sich zum Guten wenden kann, auch für unsere Kinder.
HELLINGER Ich lasse es da erst einmal. Das muß erst mal in euch wirken.

Abschied vom Anspruch

HELLINGER *zur Gruppe* In vielen Beziehungen gibt es die Vorstellung des Mannes, daß er die Frau hat. Und es gibt die Vorstellung der Frau, daß sie den Mann hat. Doch weder hat der Mann die Frau, noch hat die Frau den Mann, sondern sie sind zusammengeführt, durch Trieb, durch Liebe, durch Hoffnung. Dieser Trieb und diese Hoffnung haben ein verborgenes Ziel. Durch sie sind Mann und Frau in den Dienst genommen.

Nach einiger Zeit merkt der Mann, daß er die Frau nicht hat, und die Frau merkt, daß sie den Mann nicht hat. Jetzt lassen beide etwas voneinander los, und es entsteht zwischen ihnen ein Zwischenraum und ein Stück Freiheit zugleich. Wenn der Anspruch aufhört »Ich habe dich, und ich muß dich haben«, hat jeder von den beiden eine Chance, sich dem anderen auf eine Weise zu nähern, die vorher nicht möglich war.

ERNST UND LIESELOTTE

Die Entscheidung
Der Mann spricht oft vom Tod

HELLINGER *zu Ernst und Lieselotte* Was ist?

LIESELOTTE Was mich bedrückt, ist: Seit letztem Herbst spricht mein Mann oft vom Tod, daß er ihn spürt, daß er ganz nahe ist. Das macht mir sehr Angst. Sein Vater ist vor einigen Monaten gestorben, und dann haben wir eben diese zwei Kinder verloren. Seither spüre ich eine Kluft zwischen uns. Ich kann ihn schlecht erreichen.

HELLINGER *zu Ernst* Wähle einen Stellvertreter für den Tod. Stell ihn auf und stell dich selber in Beziehung zu ihm.

Bild 1

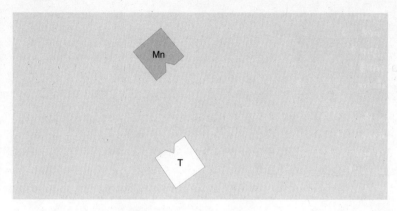

T   Tod
Mn   Mann (= Ernst)

Der Tod und Ernst schauen sich eine Zeitlang in die Augen. Dann wenden sie sich zueinander und gehen in kleinen Schritten aufeinander zu. Sie reichen sich eine Hand, während sie sich weiterhin in die Augen schauen.

Der Tod legt eine Hand auf die Schulter von Ernst. Ernst legt den Kopf auf die Schulter des Todes, und beide umarmen sich innig und lange. Ernst ist sehr bewegt.

Bild 2

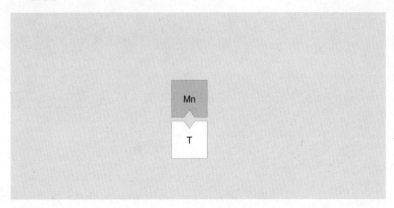

Ernst löst sich langsam vom Tod. Beide schauen sich wieder in die Augen und halten sich weiter bei den Händen. Dann gehen beide langsam rückwärts, bleiben stehen und schauen sich noch eine Weile an. Ernst dreht sich langsam um, geht zu Lieselotte, die neben Hellinger sitzt, und umarmt sie lange. Als er sich löst, schauen sich beide lange in die Augen. Er setzt sich neben sie, sie halten sich bei der Hand und schauen sich wieder lange in die Augen.

HELLINGER *als Ernst und Lieselotte sich lösen* Okay, das war's dann. Alles Gute euch!

Lieselotte lächelt und nickt.

ANDREAS UND CORNELIA
Die Demut
Der Mann kann seine Kinder nicht umarmen

HELLINGER *zu Andreas* Was ist noch?
ANDREAS Ich bitte Sie, mir zu helfen, den Weg zu finden zu meinem Sohn und zu meiner Tochter. Ich kann meine Kinder nicht in die Arme nehmen.
HELLINGER Sind die Kinder aus einer früheren Beziehung oder aus dieser?
ANDREAS Aus dieser hier.
HELLINGER Dann wähle Stellvertreter für die Kinder.

Andreas wählt die Stellvertreter. Hellinger stellt sie nebeneinander und stellt Andreas ihnen gegenüber.

Bild 1

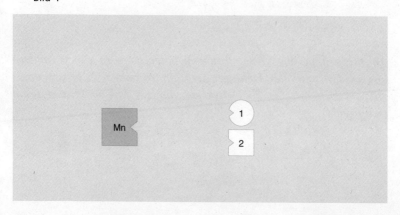

Mn   (= Andreas)
1   Erstes Kind, Tochter
2   Zweites Kind, Sohn

Nach einer Weile wählt Hellinger einen Stellvertreter für den Vater von Andreas und stellt ihn ins Bild.

Bild 2

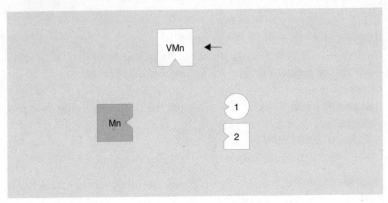

VMn   Vater des Mannes

Andreas schaut eine Weile zu seinem Vater, dann zu seinen Kindern und wieder zum Vater. Hellinger dreht ihn zu seinem Vater, und beide schauen sich an. Als der Vater auf ihn zugehen will, stoppt ihn Hellinger.

HELLINGER *zu Andreas* Knie dich vor ihn hin und verneige dich bis auf den Boden. Bis auf den Boden verneigen. Die Hände nach vorne, die Handflächen nach oben. Den Kopf richtig neigen, ganz tief, bis auf den Boden.

Bild 3

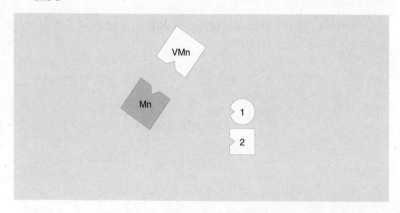

Hellinger neigt ihm den Kopf nach vorne. Andreas bleibt lange in dieser Verneigung. Er atmet tief, schließt dazwischen mal die Hände zu einer Faust, öffnet sie wieder, hebt den Kopf und senkt ihn. Dann richtet er sich etwas auf und stützt sich auf die Hände. So bleibt er lange und atmet tief. Nach einiger Zeit verneigt er sich wieder bis auf den Boden, ballt die Fäuste, richtet sich wieder etwas auf und kämpft mit sich. Seine Kinder schauen zu und legen spontan die Arme umeinander.

Andreas wischt sich die Tränen von den Augen, verneigt sich wieder tief und ballt dabei die Fäuste. Dann öffnet er die Hände und legt sie flach auf den Boden. Wieder richtet er sich etwas auf, wischt sich die Tränen ab und stützt sich wieder auf die Arme. Er atmet tief. Während dieser Zeit steht sein Vater mit geöffneten Händen vor ihm. Der ganze Vorgang dauert über fünf Minuten.

HELLINGER *zum Vater von Andreas* Jetzt zieh ihn zu dir hoch.

Der Vater beugt sich zu ihm, nimmt ihn bei den Händen und zieht ihn zu sich hoch. Sie schauen sich in die Augen. Andreas kämpft noch immer mit sich, dann zieht ihn der Vater an sich. Andreas braucht noch eine Weile, bis er sich seinem Vater überläßt, und legt dann seinen Kopf an dessen Brust. Er atmet tief. Dann legt auch er die Arme um den Vater.

HELLINGER Jetzt stellt euch nebeneinander.

Bild 4

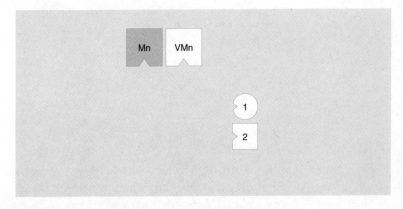

ANDREAS Ich habe kein Gefühl mehr in den Armen.
HELLINGER Ich kann dir sagen, wie das zurückkommt. Komm mit mir.

Hellinger führt ihn vor seinen Sohn, und beide umarmen sich innig. Cornelia, die zuschaut, weint und ist sehr bewegt. Dann zieht Andreas auch die Tochter zu sich. Alle drei umarmen sich innig.

Bild 5

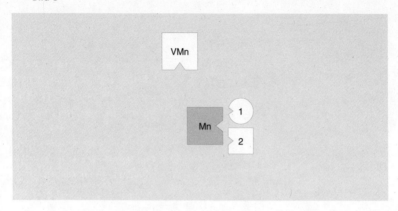

HELLINGER *zu Andreas* Wie geht es dir jetzt?
ANDREAS *atmet tief* Besser.
HELLINGER Der Tochter?
ERSTES KIND Gut. Ganz am Anfang war eine Barriere da. Sobald sein Vater hereingekommen ist, ist er für mich sehr groß geworden. Als er sich verbeugt hat und diesen Kampf gehabt hat, war ich stolz auf ihn.
HELLINGER *zum Sohn* Bei dir?
ZWEITES KIND Ich spürte zuerst großes Herzklopfen, als er vor mir stand. Es hat mich im Herzen sehr berührt, als er dann diese Demutsgeste machte, aber ich hatte etwas zittrige Knie. Es ging besser, als er zu uns kam. Da hatte ich wieder Boden.
HELLINGER *zu Andreas* Wir haben dir nichts erspart, Gott sei Dank.
ANDREAS Es ist eine neue Situation, ich muß sie zuerst aufnehmen.
HELLINGER Genau, es darf jetzt wachsen. Okay, das war's.
zum Vater von Andreas Was war bei dir?
VATER DES MANNES Es war sehr schwierig, ihn nicht vorher aufzuheben.

HELLINGER So sind die Väter. Die Therapeuten sind ein bißchen härter. *Lachen im Publikum.*

Andreas und Cornelia umarmen sich. Sie legt den Kopf auf seine Schulter.

BARBARA »Wenn du mich brauchst, bin ich für dich da«

Ihre Schwester ist geistig behindert

HELLINGER *zu Barbara* Um was geht es?
BARBARA Es geht um meine Herkunftsfamilie. Ich habe fünf Geschwister. Ich bin die Jüngste, und die Schwester vor mir ist geistig behindert.
HELLINGER Wir stellen zwei Personen auf, die geistig behinderte Schwester und dich.

Bild 1

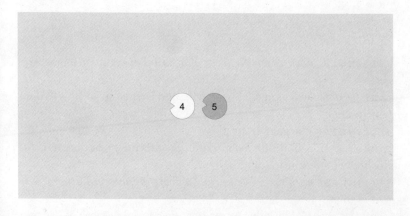

| 4 | Viertes Kind, Tochter, geistig behindert |
| 5 | **Fünftes Kind, Tochter (= Barbara)** |

Die Stellvertreterin des behinderten Kindes wendet den Kopf zu ihrer Schwester und schaut sie lange an. Dann dreht sie sich ihr in kleinen Schritten zu und tritt dabei etwas zurück. Auch die Stellvertreterin von Barbara tritt etwas zurück. So stehen sie sich gegenüber. Die Stellvertreterin des behinderten Kindes öffnet und schließt abwechselnd ihre Hände.

Bild 2

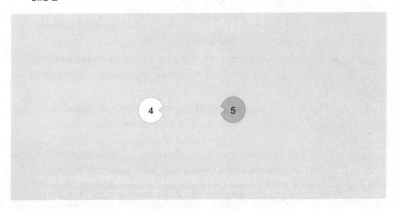

HELLINGER *nach einer Weile zu Barbara* Bei wem ist die Schwester?
BARBARA Sie war einige Jahre bei mir, und jetzt ist sie in einer Wohngemeinschaft.
HELLINGER Wie geht es ihr da?
BARBARA Es geht ihr da nicht so gut. Sie möchte nicht dort sein. Sie möchte bei mir sein.
HELLINGER *nach einer Weile zur Stellvertreterin von Barbara* Wie geht es dir?
FÜNFTES KIND Ich habe Angst vor meiner Schwester. Sie ist sehr stark für mich. Sie ist eine Herausforderung für mich, wenn sie dort steht.
HELLINGER *zur Stellvertreterin des behinderten Kindes* Was ist bei dir?
VIERTES KIND Ich möchte Abstand von ihr. Ich spürte auch Angst, als wir so eng beieinander standen.
HELLINGER *zur Stellvertreterin von Barbara* Sag ihr: »Ich bin deine Schwester.«
FÜNFTES KIND Ich bin deine Schwester.

HELLINGER »Und ich bin gesund.«

FÜNFTES KIND Und ich bin gesund.

HELLINGER »Ich nehme das als ein besonderes Geschenk.«

FÜNFTES KIND Ich nehme das als ein besonderes Geschenk.

HELLINGER »Und ich lasse dich daran Anteil nehmen.«

FÜNFTES KIND Und ich lasse dich daran Anteil nehmen.

HELLINGER »Wenn du mich brauchst, bin ich für dich da.«

FÜNFTES KIND Wenn du mich brauchst, bin ich für dich da.

HELLINGER »Ich bleibe immer deine Schwester.«

FÜNFTES KIND Ich bleibe immer deine Schwester.

HELLINGER *zur Stellvertreterin des behinderten Kindes* Wie geht es dir dabei?

VIERTES KIND Es berührt mich. Ich werde erkannt als die, die ich wirklich bin.

HELLINGER *zur Stellvertreterin von Barbara* Bei dir?

FÜNFTES KIND Sie ist so stark. Sie ist stärker als ich.

HELLINGER *zur Stellvertreterin des behinderten Kindes* Sag deiner Schwester: »Bitte.«

VIERTES KIND Bitte.

Die beiden Schwestern schauen sich lange an und gehen langsam aufeinander zu. Dazwischen zögern sie und halten an. Beide zeigen ihre Unruhe, indem sie ihre Hände abwechselnd schließen und öffnen.

HELLINGER *nach einer Weile zur Stellvertreterin von Barbara* Wage noch einen Schritt.

Beide gehen wieder einen Schritt aufeinander zu. Die Stellvertreterin von Barbara hält ihrer Schwester die Hände entgegen. Nach einer Weile reichen sie sich die Hände und schauen sich an.

Bild 3

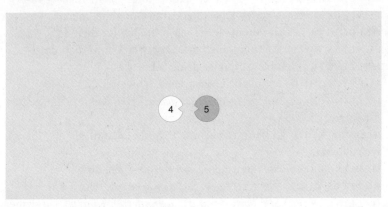

HELLINGER *nach einer Weile zur Stellvertreterin von Barbara* Jetzt sag ihr: »Ja.«
FÜNFTES KIND Ja.

Die Schwestern schauen sich weiterhin in die Augen, bleiben aber stehen.

HELLINGER *zur Stellvertreterin von Barbara* Wie geht es dir?
FÜNFTES KIND Ich bin noch etwas verunsichert. Es steht noch etwas dazwischen. Ich würde gerne näher zu ihr, aber ich habe so eine große Angst, vereinnahmt zu werden, so gekrallt zu werden.
HELLINGER Sag ihr: »Ich tue alles für dich.«
FÜNFTES KIND Ich tue alles für dich.
HELLINGER »Alles, was du brauchst.«
FÜNFTES KIND Alles, was du brauchst.
HELLINGER »Du kannst dich immer voll auf mich verlassen.«
FÜNFTES KIND Du kannst dich immer voll auf mich verlassen.
HELLINGER »Ich bin deine Schwester.«
FÜNFTES KIND Ich bin deine Schwester.
HELLINGER Wie fühlt sich das an?
FÜNFTES KIND Es gibt mir Stärke.
HELLINGER Genau.
zur Stellvertreterin des behinderten Kindes Bei dir?

VIERTES KIND Es berührt mich sehr.

Beide Schwestern lächeln sich an und fallen sich dann in die Arme.

HELLINGER *nach einer Weile zur Stellvertreterin des behinderten Kindes* Wie ist es?
VIERTES KIND Es fühlt sich gut an.
HELLINGER *zur Stellvertreterin von Barbara* Bei dir?
FÜNFTES KIND Ich möchte sie trösten.
HELLINGER Gut, das war's dann. Ihr habt es gut gemacht.

Die Zustimmung

HELLINGER *zur Gruppe* Die Größe in Behinderten ist unglaublich. *zu Barbara* Die Seele hinter der Behinderung ist groß und rein. Deine Vertreterin hat das ganz genau gespürt. Es braucht die Achtung vor dem Schicksal des anderen. Ich habe hier auch etwas Wichtiges demonstriert. Häufig haben wir die Angst: Wenn wir uns voll einlassen, werden wir vereinnahmt und können nicht mehr bei uns sein.

Ich erzähle dazu ein Beispiel. Bei mir war mal ein Arzt, der eine Suchtklinik für Alkoholiker leitete. Ein früherer Patient hatte ihn angerufen und gebeten, bei ihm wieder eine Therapie machen zu dürfen. Der Arzt hatte Angst, daß der ihn mit vielen Sitzungen vereinnahmen würde, und zögerte, ihm einen Termin zu geben. Mein Vorschlag war, er solle ihm sagen: »Für dich tue ich alles.« Als er abwehrte, ermutigte ich ihn, doch mal auszuprobieren, was die Wirkung wäre, wenn er ihm sagt: »Für dich tue ich alles«, und es so auch meint. Als ich ihn wieder traf, erzählte er mir, der Patient kam zu ihm nur ein Mal.

Also, wo es die volle Zustimmung gibt, wird sie nicht ausgenutzt. Wo es aber Vorbehalte gibt, kommt etwas Ungutes in die Beziehung, was beide unglücklich macht.

Das gilt für die Kinder, die Angst davor haben, daß sie später ihre alten Eltern pflegen müssen, und die sich jetzt schon vorstellen, was da alles auf sie zukommen wird. Es gibt aber eine ganz einfache Lösung für sie. Sie sagen ihren Eltern: »Wenn ihr mich braucht, wenn ihr alt werdet, werde ich alles für euch tun – so, wie es richtig ist.« Das ist eine wichtige Einschränkung.

Das gilt auch hier mit Bezug auf deine Schwester. Du sagst ihr: »Ich werde alles tun, so, wie es richtig ist.« Das Richtige läßt sich fast immer machen. Dann ist man von den schlimmen Vorstellungen entlastet. Habe ich dir das Wesentliche gesagt?

BARBARA Ja.

Einsicht durch Verzicht

Vielleicht fragen Sie, welcher Erkenntnisweg zu den Einsichten und Lösungen führt, die in diesem Buch beschrieben wurden. Ich nenne ihn den phänomenologischen Erkenntnisweg. Was damit gemeint ist und wie er sich von anderen Erkenntniswegen unterscheidet, erzähle ich am liebsten in Geschichten. Die erste heißt:

Die Erkenntnis

Jemand will es endlich wissen. Er schwingt sich auf sein Fahrrad, fährt in die offene Landschaft und findet, abseits vom Gewohnten, einen anderen Pfad.

Hier gibt es keine Schilder, und so verläßt er sich auf das, was er mit seinen Augen vor sich sieht und was sein Schritt durchmessen kann. Ihn treibt so etwas wie Entdeckerfreude, und was ihm vorher eher Ahnung war, wird jetzt Gewißheit.

Doch dann endet dieser Pfad an einem breiten Strom, und er steigt ab. Er weiß, wenn er noch weiter will, dann muß er alles, was er bei sich hat, am Ufer lassen. Dann wird er seinen festen Grund verlieren und wird von einer Kraft getragen und getrieben werden, die mehr vermag als er, so daß er sich ihr anvertrauen muß. Und daher zögert er und weicht zurück.

Als er dann wieder heimwärts fährt, da wird ihm klar, daß er nur wenig weiß, was hilft, und daß er es den anderen nur schwer vermitteln kann. Zu oft schon war es ihm wie jenem Mann ergangen, der einem anderen auf dem Fahrrad hinterherfährt, weil dessen Schutzblech klappert. Er ruft ihm zu: »He, du, dein Schutzblech klappert!« – »Was?« – »Dein Schutzblech klappert!« – »Ich kann dich nicht verstehen«, ruft der andere zurück, »mein Schutzblech klappert!«

»Irgend etwas ist hier schiefgelaufen,« denkt er sich. Dann tritt er auf die Bremse und kehrt um.

Ein wenig später trifft er einen alten Lehrer. Er fragt: »Wie machst denn du das, wenn du anderen hilfst? Oft kommen zu dir Leute und fragen dich um Rat in Dingen, von denen du nur wenig weißt. Doch nachher geht es ihnen besser.«

Der Lehrer gab zur Antwort: »Nicht am Wissen liegt es, wenn einer auf dem Wege stehenbleibt und nicht mehr weiter will. Denn er sucht Sicherheit, wo Mut verlangt wird, und Freiheit, wo das Richtige ihm keine Wahl mehr läßt. Und so dreht er sich im Kreis.

Der Lehrer aber widersteht dem Vorwand und dem Schein. Er sucht die Mitte, und dort gesammelt wartet er – wie einer, der die Segel ausspannt vor den Wind –, ob ihn vielleicht ein Wort erreicht, das wirkt. Wenn dann der andere zu ihm kommt, findet der ihn dort, wohin er selber muß, und die Antwort ist für beide. Beide sind Hörer.«

Und er fügte hinzu: »Die Mitte fühlt sich leicht an.«

Der wissenschaftliche und der phänomenologische Erkenntnisweg

Zwei Bewegungen führen zur Einsicht. Die eine greift aus und will ein bisher Unbekanntes erfassen, bis sie seiner habhaft und es ihr verfügbar wird. Von dieser Art ist das wissenschaftliche Bemühen, und wir wissen, wie sehr es unsere Welt und unser Leben verwandelt, gesichert und bereichert hat.

Die zweite Bewegung entsteht, wenn wir während des ausgreifenden Bemühens innehalten und den Blick nicht mehr auf ein bestimmtes Faßbares, sondern auf ein Ganzes richten. Der Blick ist also bereit, das Viele vor ihm gleichzeitig aufzunehmen. Wenn wir uns auf diese Bewegung einlassen, zum Beispiel im Angesicht einer Landschaft oder einer Aufgabe oder eines Problems, merken wir, wie unser Blick zugleich füllig wird und leer. Denn sich der Fülle aussetzen und sie aushalten kann man nur, wenn man zunächst vom Einzelnen absieht.

Dabei halten wir in der ausgreifenden Bewegung inne und ziehen uns etwas zurück, bis wir jene Leere erreichen, die der Fülle und Vielfalt standhalten kann.

Diese zuerst innehaltende und dann sich zurücknehmende Bewegung nenne ich phänomenologisch. Sie führt zu anderen Einsichten als die ausgreifende Erkenntnisbewegung. Dennoch ergänzen sich beide. Denn auch bei der ausgreifenden, wissenschaftlichen Erkenntnisbewegung müssen wir zuweilen innehalten und unseren Blick vom Engen auf das Weite richten und vom Nahen auf das Ferne. Und auch die phänomenologisch gewonnene Einsicht bedarf der Überprüfung am einzelnen und Nächsten.

Der Vorgang

Auf dem phänomenologischen Erkenntnisweg setzt man sich innerhalb eines Horizontes der Vielfalt von Erscheinungen aus, ohne zwischen ihnen zu wählen oder zu werten. Dieser Erkenntnisweg erfordert also ein Leerwerden sowohl in bezug auf bisherige Vorstellungen als auch in bezug auf die inneren Bewegungen, seien diese nun gefühlsmäßiger, willentlicher oder urteilender Art. Die Aufmerksamkeit ist dabei zugleich gerichtet und ungerichtet, gesammelt und leer.

Die phänomenologische Haltung erfordert gespannte Handlungsbereitschaft, doch ohne Vollzug. Durch diese Spannung werden wir in höchstem Maße wahrnehmungsfähig und wahrnehmungsbereit. Wer die Spannung aushält, erfährt nach einer Weile, wie sich das Viele innerhalb des Horizontes um eine Mitte fügt, und er erkennt plötzlich einen Zusammenhang, vielleicht eine Ordnung, eine Wahrheit oder den weiterführenden Schritt. Diese Einsicht kommt gleichsam von außen, wird als Geschenk erfahren und ist, in der Regel, begrenzt.

Der Verzicht

Die erste Voraussetzung für die so erfahrene Einsicht ist die Absichtslosigkeit. Wer Absichten hat, trägt Eigenes an die Wirklichkeit heran, will sie vielleicht nach einem vorgefaßten Bild verändern, will vielleicht andere nach diesem Bild beeinflussen und überzeugen. Doch damit verhält er sich, als sei er der Wirklichkeit gegenüber in einer überlegenen Position, als sei sie das Objekt für sein Subjekt und nicht umgekehrt er das Objekt der Wirklichkeit. Hier wird deutlich, was es uns abverlangt, wenn wir auf unsere Absichten verzichten, selbst auf die guten Absichten. Ganz abgesehen davon, daß auch die Klugheit diesen Verzicht verlangt, denn, wie uns die Erfahrung zeigt, geht das, was wir in guter Absicht oder gar in bester Absicht tun, oft schief. Absicht ist kein Ersatz für Einsicht.

Der Mut

Die zweite Voraussetzung für solche Einsicht ist die Furchtlosigkeit. Wer Angst hat vor dem, was die Wirklichkeit ans Licht bringt, legt Scheuklappen an. Und wer Angst hat vor dem, was andere Leute denken und tun, wenn er sagt, was er wahrnimmt, der verschließt sich weiterer Einsicht. Und wer als Therapeut Angst hat, sich der Wirklichkeit eines Klienten zu stellen, zum Beispiel der Wirklichkeit, daß ihm nur wenig Zeit bleibt, vor dem bekommt der andere Angst, weil er sieht, daß der Therapeut dieser Wirklichkeit nicht gewachsen ist.

Der Einklang

Absichtslosigkeit und Furchtlosigkeit ermöglichen den Einklang mit der Wirklichkeit, wie sie ist, auch mit ihrer Angst machenden, überwältigenden und furchtbaren Seite. Daher ist der Therapeut im Einklang mit Glück und Unglück, Unschuld und Schuld, Gesundheit und Krankheit, Leben und Tod. Doch gerade aus diesem Einklang gewinnt er die Einsicht und Kraft, sich auch dem Schlimmen zu stellen und es manchmal, im Einklang mit dieser Wirklichkeit, auch zu wenden.

Auch dazu erzähle ich eine Geschichte:

Ein Jünger wandte sich an einen Meister: »Sage mir, was Freiheit ist!«

»Welche Freiheit?« fragte ihn der Meister.

»Die erste Freiheit ist die Torheit. Sie gleicht dem Roß, das seinen Reiter wiehernd abwirft. Doch um so fester spürt es nachher seinen Griff.

Die zweite Freiheit ist die Reue. Sie gleicht dem Steuermann, der nach dem Schiffbruch auf dem Wrack zurückbleibt, statt daß er in die Rettungsboote steigt.

Die dritte Freiheit ist die Einsicht. Sie kommt nach der Torheit und der Reue. Sie gleicht dem Halm, der sich im Winde wiegt und, weil er, wo er schwach ist, nachgibt, steht.«

Der Jünger fragte: »Ist das alles?«

Darauf der Meister: »Manche meinen, sie selber suchten nach der Wahrheit ihrer Seele. Doch die große Seele denkt und sucht durch sie. Wie die Natur kann sie sich sehr viel Irrtum leisten, denn falsche Spieler ersetzt sie laufend mühelos durch neue. Dem aber, der sie denken läßt, gewährt sie manchmal etwas Spielraum, und wie ein Fluß den Schwimmer, der sich treiben läßt, trägt sie ihn mit vereinter Kraft ans Ufer.«

Philosophische Phänomenologie

Ich möchte nun etwas sagen über die philosophische und die psychotherapeutische Phänomenologie. Bei der philosophischen Phänomenologie geht es darum, aus der Fülle der Phänomene das Wesentliche wahrzunehmen, indem ich mich ihnen vollständig, gleichsam mit meiner größten Fläche, aussetze. Dieses Wesentliche taucht aus dem Verborgenen plötzlich auf wie ein Blitz, und immer geht es weit über das hinaus, was ich mir ausdenken oder, ausgehend von Prämissen oder Begriffen, logisch erschließen kann. Dennoch ist es nie vollständig. Es bleibt von Verborgenem umhüllt, so wie jedes Sein vom Nicht. Auf diese Weise habe ich die wesentlichen Aspekte des Gewissens erfaßt, zum Beispiel, daß es wie ein systemisches Gleichgewichtsorgan wirkt, mit dessen Hilfe ich sofort wahrnehmen kann, ob ich mich im Einklang mit dem System befinde oder nicht. Ob das, was ich tue, mir die Zugehörigkeit bewahrt und sichert oder ob es meine Zugehörigkeit gefährdet und aufhebt. Daher bedeutet gutes Gewissen in diesem Zusammenhang nur: Ich darf mir sicher sein, daß ich noch dazugehöre. Und schlechtes Gewissen bedeutet: Ich muß befürchten, daß ich nicht mehr dazugehören darf. Daher hat das Gewissen wenig mit allgemeingültigen Gesetzen und Wahrheiten zu tun, sondern es ist relativ und ändert sich von Gruppe zu Gruppe.

Auf gleiche Weise habe ich auch erkannt, daß das Gewissen völlig anders reagiert, wenn es nicht, wie gerade beschrieben, um das Recht auf Zugehörigkeit geht, sondern um den Ausgleich von Geben und Nehmen, und daß es nochmals anders reagiert, wenn es über die Ordnungen des Zusammenlebens wacht. Jede dieser unterschiedlichen Funktionen des Gewissens wird von ihm durch unterschiedliche Gefühle von Unschuld und Schuld gesteuert und durchgesetzt.

Der wichtigste Unterschied aber, der sich dabei gezeigt hat, war der von gefühltem und verborgenem Gewissen. Es zeigt sich nämlich, daß wir gerade dadurch, daß wir dem gefühlten Gewissen folgen, gegen das verborgene Gewissen verstoßen; und obwohl wir uns nach dem gefühlten Gewissen unschuldig fühlen, ahndet das verborgene Gewissen diese Tat wie Schuld. Der Gegensatz zwischen diesen Gewissen ist die Grundlage jeder Tragödie, und das heißt im Grunde nichts anderes, als jeder Familientragödie. Er führt zu den tragischen Verstrickungen, die in Familien zu schweren Krankheiten führen und zu Unfällen und Selbstmord. Dieser Gegensatz ist auch verantwortlich für viele Beziehungstragödien, wenn eine Beziehung zwischen Mann und Frau trotz großer, gegenseitiger Liebe zerbricht.

Psychotherapeutische Phänomenologie

Diese Einsichten waren aber nicht allein über die philosophische Wahrnehmung und die philosophische Anwendung des phänomenologischen Erkenntnisweges zu gewinnen. Dazu brauchte es noch einen anderen Zugang, den ich Wissen durch Teilhabe nenne. Dieser Zugang eröffnet sich über das Familien-Stellen, wenn es auf phänomenologische Weise geschieht.

Beim Familien-Stellen wählt ein Klient aus den Teilnehmern einer Gruppe willkürlich Stellvertreter für sich und die anderen bedeutsamen Mitglieder seiner Familie, zum Beispiel für Vater, Mutter und die Geschwister. Dann stellt er sie gesammelt räumlich in Beziehung zueinander. Durch diesen Vorgang kommt plötzlich etwas ans Licht, was ihn überrascht. Das heißt, daß er im Vorgang des Aufstellens mit einem Wissen in Berührung kam, das ihm vorher verschlossen war. Zum Beispiel hat mir ein Kollege vor kurzem erzählt, daß bei einer Aufstellung deutlich wurde, daß die Klientin eine frühere Freundin ihres Vaters vertreten muß. Sie fragte beim Vater nach und bei Verwandten, aber alle versicherten ihr, daß sie damit falsch liege. Einige Monate später erhielt ihr Vater einen Brief aus Weißrußland. Eine Frau, die während des Krieges seine große Liebe war, hatte lange nach seiner Adresse geforscht und sie jetzt erst ausfindig gemacht.

Das ist aber nur die eine Seite, die Seite des Klienten. Eine andere ist, daß die Stellvertreter, sobald sie aufgestellt sind, wie die Personen fühlen, die sie vertreten. Sie bekommen manchmal auch deren Körpersymptome. Ich habe sogar erlebt, daß sie den Namen dieser Person innerlich hören. All dies wird erlebt, ohne daß die Stellvertreter von der Familie mehr wissen, als wen sie vertreten. Es zeigt sich also beim Familien-Stellen, daß zwischen dem Klienten und den Mitgliedern seines Systems ein wissendes Kraftfeld wirkt, das Wissen ohne äußere Vermittlung allein durch Teilhabe ermöglicht, und, was noch überraschender ist, daß auch die Stellvertreter, die ja mit dieser Familie sonst nichts zu tun haben und von ihr auch nichts wissen können, an dieses Wissen und an die Wirklichkeit dieser Familie angeschlossen sein können.

Das gleiche gilt natürlich auch und in besonderem Maße für den Therapeuten. Voraussetzung ist allerdings, daß sowohl der Therapeut als auch der Klient und die Stellvertreter bereit sind, sich ohne Absicht und ohne Furcht, ohne Rückgriff auf eine frühere Theorie oder Erfahrung der hier ans Licht drängenden Wirklichkeit zu stellen und ihr zuzustimmen, so, wie sie ist. Das aber ist die auf die Psychotherapie angewandte phänomenologische Haltung. Auch hier wird die Einsicht durch Verzicht gewonnen, durch die Zurücknahme von Absicht und Furcht und durch die Zustimmung zur Wirklichkeit, wie sie sich zeigt. Ohne diese phänomenologische Haltung, also ohne die Zustimmung zu dem, was sich zeigt, ohne es übertreiben oder abschwächen oder deuten zu wollen, bleibt das Familien-Stellen vordergründig, geht leicht in die Irre und hat wenig Kraft.

Die Seele

Erstaunlicher noch als dieses durch Teilhabe vermittelte Wissen ist, daß dieses wissende Feld oder, wie ich es lieber nenne, diese den einzelnen übersteigende und ihn steuernde, wissende Seele, Lösungen sucht und findet, die weit über das hinausreichen, was wir uns ausdenken können, und die eine viel weiterreichende Wirkung haben, als dies unserem planenden Handeln möglich ist. Das wird am deutlichsten in solchen Aufstellungen, bei denen der Therapeut die äußerste Zurückhaltung übt, indem er zum Beispiel wichtige Personen aufstellt und diese dann ohne irgendeine Vorgabe dem überläßt, was sie wie eine unwiderstehliche Macht von außen ergreift, und die dann zu Einsichten und Erfahrungen führt, die anderweitig unmöglich erscheinen.

Zum Beispiel habe ich vor kurzem in der Schweiz, als ein Mann nach der Aufstellung seiner Gegenwartsfamilie sagte, er habe noch nachzutragen, daß er Jude sei, sieben Stellvertreter für Opfer des Holocaust nebeneinandergestellt. Danach habe ich sieben Stellvertreter für die Mörder hinter sie gestellt und die Opfer sich zu ihnen umdrehen lassen. Darauf lief etwa eine Viertelstunde lang wortlos ein unglaublicher Prozeß zwischen ihnen ab. Dieser machte deutlich, daß es so etwas wie ein unvollendetes und ein vollendetes Sterben gibt und daß für Opfer und Täter das Sterben erst vollendet ist, wenn sie im Tod zueinanderfinden und beide sich als von einer über ihnen wirkenden Macht gleichermaßen bestimmt und gesteuert und am Ende in ihr aufgehoben erfahren.

Religiöse Phänomenologie

Hier wird die Ebene der Philosophie und der Psychotherapie von einer anderen, umfassenderen abgelöst, auf der wir uns einem größeren Ganzen ausgeliefert erfahren, das wir als ein übergreifendes Letztes anerkennen müssen. Man könnte sie die religiöse oder die spirituelle Ebene nennen. Doch auch hier bleibe ich bei der phänomenologischen Haltung, ohne Absicht, ohne Furcht, ohne Vorgaben, rein bei dem, was sich zeigt.

Was das für die religiöse Einsicht und den religiösen Vollzug bedeutet, beschreibe ich zum Schluß in einer dritten Geschichte. Sie heißt:

Die Umkehr

Jemand wird hineingeboren in seine Familie, seine Heimat und Kultur, und schon als Kind hört er, wer einst ihr Vorbild war, ihr Lehrer und ihr Meister, und er spürt die tiefe Sehnsucht, so zu werden und zu sein wie er.

Er schließt sich Gleichgesinnten an, übt sich in jahrelanger Zucht und folgt dem großen Vorbild nach, bis er ihm gleich geworden ist und denkt und spricht und fühlt und will wie er.

Doch eines, meint er, fehle noch. So macht er sich auf einen weiten Weg, um in der fernsten Einsamkeit auch eine letzte Grenze vielleicht zu überschreiten. Er kommt vorbei an alten Gärten, die längst verlassen sind. Nur wilde Rosen blühen noch, und hohe Bäume tragen jährlich Frucht, die aber achtlos auf den Boden fällt, weil keiner da ist, der sie will. Danach beginnt die Wüste.

Schon bald umgibt ihn eine unbekannte Leere. Ihm ist, als sei hier jede Richtung gleich, und auch die Bilder, die er manchmal vor sich sieht, erkennt er bald als leer. Er wandert, wie es ihn nach vorne treibt, und als er seinen Sinnen längst nicht mehr vertraut, sieht er vor sich die Quelle. Sie sprudelt aus der Erde und versickert schnell. Dort aber, wo ihr Wasser hinreicht, verwandelt sich die Wüste in ein Paradies.

Als er dann um sich schaut, sieht er zwei Fremde kommen. Sie hatten es genau wie er gemacht. Sie waren ihrem Vorbild nachgefolgt, bis sie ihm gleich geworden waren. Sie hatten sich, wie er, auf einen weiten Weg gemacht, um in der Einsamkeit der Wüste auch eine letzte Grenze vielleicht zu überschreiten. Und sie fanden, so wie er, die Quelle. Zusammen beugen sie sich nieder, trinken von dem gleichen Wasser und glauben sich schon fast am Ziel. Dann nennen sie sich ihre Namen: »Ich heiße Gautama, der Buddha.« – »Ich heiße Jesus, der Christus.« – »Ich heiße Mohammed, der Prophet.«

Dann aber kommt die Nacht, und über ihnen strahlen, wie eh und je, unnahbar fern und still die Sterne. Sie werden alle stumm, und einer von den dreien weiß sich dem großen Vorbild nah, wie nie zuvor. Ihm ist, als könne er, für einen Augenblick, erahnen, wie es ihm ergangen war, als er es wußte: die Ohnmacht, die Vergeblichkeit, die Demut. Und wie es ihm ergehen müßte, wüßte er auch um die Schuld.

Am nächsten Morgen kehrt er um, und er entkommt der Wüste. Noch einmal führt sein Weg vorbei an den verlassenen Gärten, bis er an einem Garten endet, der ihm selbst gehört. Vor seinem Eingang steht ein alter Mann, als hätte er auf ihn gewartet. Er sagt: »Wer von so weit zurückgefunden hat wie du, der liebt die feuchte Erde. Er weiß, daß alles, wenn es wächst, auch stirbt, und, wenn es aufhört, nährt.« – »Ja«, gibt der andere zur Antwort, »ich stimme dem Gesetz der Erde zu.« Und er beginnt, sie zu bebauen.

Veröffentlichungen
von und über Bert Hellinger

Autor der Bücher ist, wenn nicht anders angegeben, Bert Hellinger.

Bücher im Carl-Auer-Systeme Verlag

Zweierlei Glück. Die systemische Psychotherapie Bert Hellingers
Herausgegeben von Gunthard Weber 1993
  Überarbeitet. 12. *Auflage* 1999. *338 Seiten. ISBN* 3-89670-005-7
In lebendigem Wechsel von Vorträgen, Fallbeispielen und Geschichten führt
Gunthard Weber umfassend in die Denk- und Vorgehensweisen Bert Hellingers ein. Das übersichtlich gegliederte Buch beschäftigt sich ausführlich mit
den verschiedenen Aspekten von Beziehungen, mit den »Bedingungen für das
Gelingen«, dem »Gewissen als Gleichgewichtssinn in Beziehungen«, den
»Beziehungen zwischen Eltern und Kindern« sowie den Paarbeziehungen, den
systemischen Verstrickungen und ihren Lösungen und abschließend mit der
Praxis systembezogener Psychotherapie.

Ordnungen der Liebe. Ein Kursbuch 1994
  5. *Auflage* 1998. 553 *Seiten. ISBN* 3-89670-000-6
Dies ist ein Kursbuch in mehrfachem Sinn. Erstens werden ausgewählte therapeutische Kurse wortgetreu wiedergegeben. So kann der Leser am Ringen um
Lösungen teilnehmen, als wäre er selbst mit dabei. Zweitens werden Hellingers therapeutische Vorgehensweisen ausführlich dargestellt und erläutert, vor
allem seine besondere Art, Familien zu stellen. Drittens nimmt Hellinger den
Leser auf den Erkenntnisweg mit, der zum Erfassen der hier beschriebenen
Ordnungen führt. Abschließend erläutert Hellinger in einem längeren Interview seine Einsichten und Vorgehensweisen. Im Anhang sind die Inhalte
ausführlich nach Themen geordnet.

*Familien-Stellen mit Kranken. Dokumentation eines Kurses für
Kranke, begleitende Psychotherapeuten und Ärzte* 1995
  3. *erweiterte u. überarbeitete Auflage* 1998. 339 *Seiten. ISBN* 3-89670-018-9
Ein praxisnaher Einführungskurs in das Familien-Stellen mit Kranken und in
die familiengeschichtlichen Hintergründe von chronischer und lebensbedrohender Krankheit. Im Anhang finden sich Rückmeldungen und Ergänzungen
ein Jahr nach dem Kurs.
(In gekürzter Form auch als Video erhältlich.)

Verdichtetes. *Sinnsprüche – Kleine Geschichten – Sätze der Kraft* 1995
3. *Auflage* 1997. 109 *Seiten. ISBN* 3-89670-001-4
Die hier gesammelten Sprüche und kleinen Geschichten sind während der therapeutischen Arbeit entstanden. Sie sind nach Themen geordnet: »Wahrnehmen, was ist«, »Die größere Kraft«, »Gut und Böse«, »Mann und Frau«, »Helfen und Heilen«, »Leben und Tod«. Ihr ursprünglicher Anlaß scheint manchmal noch durch, doch reichen sie weit darüber hinaus. Gewohntes Denken wird erschüttert, verborgene Ordnungen kommen ans Licht.
In den Sätzen der Kraft verdichtet sich heilendes Sagen und Tun. Sie bringen eine Lösung in Gang, wenn jemand in ein fremdes Schicksal verstrickt ist oder in persönliche Schuld, und machen für Kommendes frei.

Schicksalsbindungen bei Krebs. *Ein Kurs für Betroffene, ihre Angehörigen und Therapeuten* 1997
2. *Auflage* 1998. 200 *Seiten. ISBN* 3-89670-008-1
Dieses Buch dokumentiert am Beispiel von Krebs, wie Schicksalsbindungen in der Familie schwere Krankheiten mitbedingen und aufrechterhalten. Und es zeigt, wie die Liebe, die krank macht, sich löst in Liebe, die heilt.
(Etwas gekürzt auch als Video erhältlich unter dem Titel: »Bert Hellinger arbeitet mit Krebskranken«.)

Praxis des Familien-Stellens. *Beiträge zu systemischen Lösungen nach Bert Hellinger*
Herausgegeben von Gunthard Weber 1997
2. *korr. Auflage* 1998. 538 *Seiten. ISBN* 3-89670-090-1
Dieser Band gibt den Stand der Entwicklung des Familien-Stellens im deutschsprachigen Raum wieder. Er umfaßt 58 überarbeitete Beiträge der ersten Arbeitstagung »Praxis des Familien-Stellens« vom April 1997 in Wiesloch: Grundlegende Vorträge und Berichte über die Übertragung dieses Ansatzes auf unterschiedliche Settings, Klientengruppen und Anwendungsbereiche (etwa auch auf Organisationen).

Haltet mich, dass ich am Leben bleibe. *Lösungen für Adoptierte* 1998
240 *Seiten. ISBN* 3-89670-92-8
Der hier dokumentierte Kurs für erwachsene Adoptierte zeigt, wie die Bindung des Kindes an seine leiblichen Eltern weiterwirkt. Es zeigt aber auch, wie diese Bindung auf eine Weise gelöst werden kann, die es dem Adoptivkind ermöglicht, sich seinen neuen Eltern zuzuwenden und von ihnen den Halt und die Liebe zu nehmen, die sie ihm schenken.
(Auch als Video erhältlich.)

Der Abschied. Nachkommen von Tätern und Opfern stellen ihre Familien 1998

336 Seiten. ISBN 3-89670-102-9

Wie Schuld und Schicksal von Tätern und Opfern des Nationalsozialismus auf deren Nachkommen wirken, dem ist Hellinger seit Jahren in seinen Kursen für Kranke begegnet. Mit den Kranken mußte er sich den Tätern und Opfern in ihren Familien stellen und versuchen, im Einklang mit ihnen das Leid für ihre Nachkommen zu mildern und vielleicht zu beenden. Dieses Buch dokumentiert diese Versuche. Dabei kommen sowohl die Überlebenden und die Nachkommen zu Wort als auch die Schuldigen und die Toten. Wenn sie geachtet sind, ziehen sie sich still zurück, und die Lebenden ziehen frei über die Grenze, die sie von den Toten noch trennt.

(Zum Buch sind als Video erhältlich: »Das Überleben überleben« und »Die Toten«.)

In der Seele an die Liebe rühren. Familien-Stellen mit Eltern und Pflegeeltern von behinderten Kindern 1998

120 Seiten. ISBN 3-89670-093-6

Eltern, die ein behindertes Kind haben, und Pflegeeltern, die ein solches Kind aufnehmen, werden vom Schicksal dieser Kinder auf eine besondere Weise in Dienst genommen. Wie ihre Liebe an diesem Schicksal und dieser Aufgabe wächst, wird uns in diesem Buch bewegend vor Augen geführt.

(Auch als Video erhältlich.)

Wo Schicksal wirkt und Demut heilt. Ein Kurs für Kranke 1998

310 Seiten. ISBN 3-89670-029-4

Dieses Buch ist eine Dokumentation über das Familien-Stellen mit Kranken und über die familiengeschichtlichen Hintergründe von schwerer Krankheit, von Unfällen und Selbstmord. Bert Hellinger erklärt ausführlich die einzelnen Schritte und vermittelt dadurch auch eine umfassende Einführung in das Familien-Stellen. Darüber hinaus enthält dieses Buch zahlreiche Beispiele von Kurztherapien.

(Auch als Video erhältlich.)

Familienstellen mit Psychosekranken. Ein Kurs mit Bert Hellinger

Herausgegeben von Robert Langlotz 1998

232 Seiten. ISBN 3-89670-101-0

Dieses Buch dokumentiert Bert Hellingers therapeutische Arbeit – vor allem das Familien-Stellen – in einem Kurs mit 25 Psychosekranken. Robert Langlotz hat viele Patienten nachbefragt und die Ergebnisse kommentiert in diesen Band aufgenommen. Er faßt die Verstrickungen, Verwirrungen und Loyalitätskonflikte zusammen, die durch die Aufstellungen der Psychosekranken sichtbar werden. Dieser erste Erfahrungsbericht läßt neue Sichtweisen, psychotisches Verhalten zu verstehen, aufleuchten und macht Mut, das Familien-Stellen als diagnostisches und therapeutisches Instrument in der stationären und ambulanten Psychotherapie anzuwenden.

Wie Liebe gelingt. Die Paartherapie Bert Hellingers
Herausgegeben von Johannes Neuhauser 1999
    344 Seiten. ISBN 3-89670-105-3
Dieses Buch dokumentiert Bert Hellingers zwanzigjährige Erfahrung in der Arbeit mit Paaren. Die vielen Beispiele aus Hellingers Gruppen- bzw. Rundenarbeit und seinen Paar- bzw. Familienaufstellungen sind lebensnah und lösungsorientiert.
Im Zentrum der ausführlichen Erläuterungen und der Gespräche mit Hellinger steht der Lebenszyklus in Paarbeziehungen: das erste Verliebtsein, die Bindung, gemeinsame Elternschaft oder Kinderlosigkeit, schmerzhafte Paarkrisen, das Scheitern der Beziehung und die klare Trennung, das gemeinsame Altwerden und der Tod. Der Herausgeber Johannes Neuhauser hat für dieses Buch seit 1995 Hunderte von Paartherapien Hellingers aufgezeichnet und ausgewertet.

Praxis der Organisationsaufstellungen
Herausgegeben von Gunthard Weber 1999
    ca. 240 Seiten. ISBN 3-89670-117-7
Dies ist das erste Buch, das sich mit der Übertragung der Aufstellungsarbeit Bert Hellingers auf unterschiedlichste Aspekte von Organisationen befaßt. Es ist faszinierend zu erfahren, wie in Organisationsaufstellungen – ähnlich wie beim Familien-Stellen – mit Hilfe der Stellvertreter zentrale Dynamiken der aufgestellten Organisationen ans Licht treten und anschließend durch die Entwicklung von Lösungsaufstellungen wichtige und oft langanhaltende Veränderungsanstöße gegeben werden können.

Was in Familien krank macht und heilt. Ein Kurs für Betroffene 1999
    ca. 286 Seiten. ISBN 3-89670-123-1
Dieses Buch führt die bereits veröffentlichten Dokumentationen über das Familien-Stellen mit Kranken in wesentlichen Punkten weiter. Es vermittelt vertiefte Einsichten in die familiengeschichtlichen Hintergründe von schwerer Krankheit und Selbstmordgefährdung und dokumentiert das Familien-Stellen

in neuen Zusammenhängen, wie Sucht, religiöser Verstrickung, Trauma und tragischen Schicksalsschlägen.

(Auch als Video erhältlich.)

Mitte und Maß. *Kurztherapien* 1999

276 Seiten. ISBN 3-89670-130-4

Den in diesem Buch erstmals dokumentierten 63 Kurztherapien ist gemeinsam, daß sich die Lösungen unmittelbar aus dem Geschehen ergeben und daher jedesmal anders und einmalig sind.

Dazwischen gibt Hellinger weiterführende Hinweise, zum Beispiel über die Trauer, die Toten, die Hintergründe von schwerer Krankheit oder von Selbstmord, und er beschreibt den Erkenntnisweg, der zur Vielfalt der hier dokumentierten Lösungen führt.

Man kann diese Kurztherapien lesen wie Kurzgeschichten, manchmal aufwühlend, manchmal erheiternd, manchmal voller Dramatik und dann wieder besinnlich und still.

In englischer Sprache sind folgende Bücher erhältlich:

Touching Love. *Bert Hellinger at Work with Family Systems. Documentation of a Three-Day-Course for Psychotherapists and their Clients* 1997

186 pages. ISBN 3-89670-022-7

Bert Hellinger demonstrates the Hidden Symmetry of Love operating unseen in the lives of persons suffering with serious illness and difficult life circumstances. This book is a full documentation of a workshop for professionals held near London in February, 1996.

Love's Hidden Symmetry. *What Makes Love Work in Relationships*
Bert Hellinger / Gunthard Weber / Hunter Beaumont 1998

352 pages. ISBN 1-891944-00-2
Carl-Auer-Systeme Verlag and Zeig, Tucker & Co, Inc.

Bert Hellinger, Gunthard Weber and Hunter Beaumont have collaborated to present a beautiful collage of poetry, healing stories, transcripts of psychotherapeutic work and moving explanations of the hidden dynamics and symmetry love follows in intimate relationships. Original and provocative enough to change how you think about familiar themes.

Touching Love (Volume 2). *A Teaching Seminar with Bert Hellinger and Hunter Baumont* 1999

256 pages. ISBN 3-89670-122-3
Carl-Auer-Systeme Verlag and Zeig, Tucker & Co, Inc.
This book contains the written documentation of a three-day-course for psychotherapists and their clients. It offers mental health professionals and interested non-professional readers a look in slow-motion at Bert Hellinger and Hunter Beaumont at work.

Bücher im Kösel Verlag

Finden, was wirkt. *Therapeutische Briefe* 1993

Erweiterte Neuauflage. 9. Auflage 1998. 191 Seiten. ISBN 3-466-30389-3
Diese Briefe geben knapp und verdichtet – meist unter 20 Zeilen! – Antwort auf Fragen von Menschen in Not und zeigen, oft überraschend und einfach, die heilende Lösung. Sie lesen sich wie kleine Geschichten, denn jeder Brief erzählt verschlüsselt ein Schicksal. Es geht um die Themen: »Mann und Frau«, »Eltern und Kinder«, «Leib und Seele«, dem »tragenden Grund« und »Abschied und Ende«.

Anerkennen, was ist. *Gespräche über Verstrickung und Lösung*
Zusammen mit Gabriele ten Hövel 1996

9. Auflage 1999. 198 Seiten. ISBN 3-466-30400-8
In dichten Gesprächen mit der Journalistin Gabriele ten Hövel gibt Hellinger Einblick in die Hintergründe seines Denkens und Tuns. Und er zeigt, wie über die Anerkennung der Wirklichkeit auch in schwierigen Fragen die Verständigung gefunden und ein Ausgleich erreicht werden kann. Ein Glossar macht den Inhalt über zahlreiche Stichworte zugänglich.

Die Mitte fühlt sich leicht an. *Vorträge und Geschichten* 1996

5. erweiterte Auflage 1998. 248 Seiten. ISBN 3-466-30460-1
Hellingers grundlegende Vorträge und Geschichten sind hier gesammelt vorgestellt. Sie kreisen um die gleiche Mitte, eine verborgene Ordnung, nach der Beziehungen gelingen oder scheitern.
(Auch auf CD und Video erhältlich.)

Wenn Ihr wüsstet, wie ich euch liebe
Von Jirina Prekop und Bert Hellinger 1998

2. *Auflage 1998. 276 Seiten. ISBN 3-466-30470-9*
Wie schwierigen Kindern durch Familien-Stellen und Festhalten geholfen
werden kann. Manche Kinder fordern ihre Umwelt in besonderem Maße
heraus. Jirina Prekop und Bert Hellinger erkannten, daß die Gründe oftmals
im verborgenen liegen und Ergebnis einer gestörten Ordnung des familiären
Systems sind. Anhand von neun Fallgeschichten zeigen sie, wie Betroffene ihre
Familien aufgestellt haben, um mögliche systemische Verstrickungen aufzu-
decken. Man nimmt daran teil, wie ihnen die Festhaltetherapie ermöglichte,
das Erlebte emotional nachzuvollziehen. Eindrucksvoll erfährt der Leser, wie
beide Methoden helfen, die Liebe zwischen Eltern und Kindern zu erneuern.

Der Mann, der tausend Jahre alt werden wollte. Märchen über Leben
und Tod aus der Sicht der Systemischen Psychotherapie Bert Hellingers
Von Thomas Schäfer 1999

160 Seiten. ISBN 3-466-30500-4
Thomas Schäfer zeigt in diesem Buch die verblüffende Parallele zwischen
Märchen und der Systemischen Psychotherapie Bert Hellingers. Es stärkt die
Lebenskraft, wenn man die Toten achtet und sich liebevoll an sie erinnert.

Bücher im Droemer Knaur Verlag

Was die Seele krank macht und was sie heilt. Die psychotherapeuti-
sche Arbeit Bert Hellingers
Von Thomas Schäfer 1998

2. Auflage 1999. 240 Seiten. ISBN 3-426-76167-x
Dieses Buch wendet sich an eine breitere Öffentlichkeit. Es faßt zusammen,
was Hellinger lehrt, und erläutert an vielen Beispielen seine wichtigsten
Vorgehensweisen.

Bücher im Goldmann Verlag

Ohne Wurzeln keine Flügel. *Die systemische Therapie von Bert Hellinger*
Von Bertold Ulsamer 1999
  254 Seiten. ISBN 3-442-14166-4
Dieses aktuelle und anschauliche Einführungsbuch von einem erfahrenen Therapeuten faßt die wesentlichen Aspekte des Familien-Stellens und der durch sie ans Licht gebrachten Ordnungen zusammen und vertieft sie durch eigene Erfahrungen, zum Beispiel in Gefängnissen und in anderen Kulturen.

Bücher im Profil Verlag

Systemische Familienaufstellung
Von Ursula Franke 1996
  2. Auflage 1997. 183 Seiten. ISBN 3-89019-413-3
Dieses Buch handelt von der Theorie und Praxis der Familienaufstellungen. Es gibt einen fundierten Überblick, welche Therapieformen den geschichtlichen Hintergrund für diese Methode bilden, und würdigt hierbei insbesondere die Arbeit von Bert Hellinger.

Videos

Alle Videos sind professionell gestaltet unter der Regie von Johannes Neuhauser und, mit Ausnahme einiger amerikanischer Ausgaben, sämtlich erschienen im Carl-Auer-Systeme Verlag

Ordnung und Krankheit. *Vortrag und therapeutisches Werkstattgespräch*

1 VHS-Cassette. 1995. 130 Minuten. ISBN 931574-74-1
Der Vortrag »Ordnung und Krankheit« beschreibt, was in Familien zu schweren Krankheiten, Unfällen und Selbstmord führt und was solche Schicksale wendet (ähnlich dem Vortrag »Vom Himmel, der krank macht, und der Erde, die heilt«).
Im therapeutischen Werkstattgespräch erläutert Hellinger anhand von dreißig Fragen seine Psychotherapie und erzählt aus der Praxis seiner Arbeit. Die Fragen stellt Johannes Neuhauser.

Familien-Stellen mit Kranken. *Ein Kurs für Kranke, begleitende Psychotherapeuten und Ärzte*

3 VHS-Cassetten. 1995. 10 Stunden. ISBN 3-927809-55-1
(Das Video zum gleichnamigen Buch.)

Bert Hellinger arbeitet mit Krebskranken. *Ein Kurs für Betroffene, ihre Angehörigen und Therapeuten*

2 VHS-Cassetten. 7 ½ Stunden. ISBN 3-89670-007-3
(Das Video zum Buch: »Schicksalsbindungen bei Krebs«.)

Haltet mich, daß ich am Leben bleibe. *Lösungen für Adoptierte*

2 VHS-Cassetten. 1997. 7 Stunden. ISBN 3-89679-061-8
(Das Video zum gleichnamigen Buch.)

In der Seele an die Liebe rühren. *Familien-Stellen mit Adoptiveltern und Eltern von behinderten Kindern*

1 VHS-Cassette. 1998. 2 ½ Stunden. ISBN 3-89670-064-2
(Das Video zum gleichnamigen Buch.)

Das Überleben überleben. *Nachkommen von Überlebenden des Holocaust stellen ihre Familie*

VHS-Cassette (2 ¼ Stunden) 1998. ISBN 3-89670-074-X
(Video zum Buch »Der Abschied«.)

Wo Schicksal wirkt und Demut heilt. *Familien-Stellen mit Kranken*

3 *VHS-Cassetten.* 1998. 8 ½ *Stunden. ISBN* 3-89670-060-X

(Das Video zum gleichnamigen Buch.)

Wie Liebe gelingt. *Die Paartherapie Bert Hellingers*

5 *VHS-Cassetten.* 1999. 12 ½ *Stunden. ISBN* 3-89670-087-1

Dieses Video dokumentiert Bert Hellingers Rundenarbeit und das Familien-Stellen mit 15 Paaren in einer Kleingruppe. Es zeigt zum ersten Mal, wie Bert Hellinger vor und nach dem Familien-Stellen mit den Paaren arbeitet, zum ersten Mal kann man ihm sozusagen über die Schulter schauen und die vielschichtigen Interventionen beobachten.

(Das Video zum gleichnamigen Buch.)

Die Toten. *Was Opfer und Täter versöhnt*

1 *VHS-Cassette.* 1999. 60 *Minuten. ISBN* 3-89670-163-0

Dieses Video dokumentiert die wohl bewegendste Aufstellung Bert Hellingers mit einem Überlebenden des Holocaust. Sie bringt auf erschütternde Weise ans Licht, daß die Opfer und ihre Mörder ihr Sterben erst vollenden, wenn sie beide einander als Tote begegnen. Und wenn sich beide im Zustand, der alle Unterschiede aufhebt, einem gemeinsamen übermächtigen Schicksal ausgeliefert erfahren, das jenseits aller menschlicher Unschuld und Schuld über sie verfügt und sie jetzt im Tod geläutert in Liebe eint und versöhnt.

(Video zum Buch »Der Abschied«.)

Organisationsberatung und Organisationsaufstellungen. *Werkstattgespräch über die Beratung von (Familien-)Unternehmen, Institutionen und Organisationen. 26 Fragen an Bert Hellinger*
Interview: Johannes Neuhauser

1 *VHS-Cassette.* 1998. 35 *Minuten. ISBN* 3-89670-077-4

Was in Familien krank macht und heilt. *Ein Kurs für Betroffene*

3 *VHS-Cassetten.* 1999. 9 *Stunden. ISBN* 3-89670-160-6

(Das Video zum gleichnamigen Buch)

Six English-language videos documenting Bert Hellinger's work are available in the series *Love's Hidden Symmetry (Volume 1 to 6)*:
in PAL (European) format from Carl-Auer-Systeme Verlag
in NTSC (American) format from Zeig, Tucker & Co., Inc.,
(1935 East Aurelius Avenue. Phoenix, AZ 85020-5543, Fax ++1 602 944-8118)

Adoption (Volume 1)

1 *VHS-Cassette. 90 minutes. ISBN 3-89670-072-3*
Hellinger demonstrates how „love's hidden symmetry" can guide families in distress. In this case, workshop participants who are dealing with problems related to adoption discover ways to support hopeful alternatives in their lives.

Honoring the Dead and Facing Death (Volume 2)

1 *VHS-Cassette. 80 minutes. ISBN 3-89670-154-1*
Three different family constellations are presented to reveal the depth and power of this approach as family members struggle to deal with the difficult issues of death and dying.

Blind Love – Enlightened Love (Volume 3)

1 *VHS-Cassette. 75 minutes. ISBN 3-89670-155-X*
This presentation shows how children's blind love for their parents perpetuates family dysfunction. In three family constellations Hellinger demonstrates how this love can be transformed into the enlightened love that supports well-being.

Grieving for Children (Volume 4)

1 *VHS-Cassette. 70 minutes. ISBN 3-89670-156-8*
In this powerful video, four different family systems move toward resolution in the wake of the loss of a child.

Trans-Generational Systemic Effects (Volume 5)

1 *VHS-Cassette. 70 minutes. ISBN 3-89670-157-6*
Hellinger guides participants toward restoration of the flow of love that nurtures growth when entanglements across generations have disrupted it.

Hidden Family Dynamics (Volume 6)

1 *VHS-Cassette. 70 minutes. ISBN 3-89670-158-4*
Four family constellations show the harmful identifications that children sometimes have with parents and grandparents. Hellinger works with participants to acknowledge hidden dynamics and to discover healthy ways to recover compassion and love.

Audio-Cassetten und CDs

Vom Himmel, der krank macht, und der Erde, die heilt (Vortrag)
Leiden ist leichter als lösen (Vortrag)
   2 Audio-Cassetten. 1995/1993. Je 60 Minuten. ISBN 3-89670-0447-2
Der Vortrag »Vom Himmel, der krank macht, und der Erde, die heilt«
beschreibt die grundlegenden Dynamiken, die in Familien zu schweren Krank-
heiten führen oder zu Unfällen und Selbstmord, und zeigt, was solche
Schicksale manchmal noch wendet (ähnlich dem Vortrag »Ordnung und
Krankheit«). Auch im Buch »Ordnungen der Liebe«.

»Leiden ist leichter als lösen« ist ein Radiointerview mit Gabriele ten Hövel.
Der Text findet sich auch im Buch »Anerkennen, was ist«.

Einsicht durch Verzicht. Der phänomenologische Erkenntnisweg in
der Psychotherapie am Beispiel des Familien-Stellens (Vortrag)
   Audio-Cassette 1999. 57 Minuten. ISBN 3-89670-164-9
Auf dem phänomenologischen Erkenntnisweg setzt man sich der Vielfalt von
Erscheinungen aus, ohne zwischen ihnen zu wählen oder zu werten. Die Auf-
merksamkeit ist dabei zugleich gerichtet und ungerichtet, gesammelt und leer.
Auf diese Weise gewinnt der Therapeut beim Familien-Stellen die Einsichten
über das bisher Verborgene und findet die Wege, die aus Verstrickungen lösen.
Worauf er dabei zu achten hat, zeigt dieser Vortrag.

Die Mitte fühlt sich leicht an
(Eine CD- und Video-Edition des gleichnamigen Buches.)

Diese CD- und Video-Reihe enthält Bert Hellingers grundlegende Einsichten aus 25 Jahren therapeutischer Arbeit. Jede der folgenden CDs und Videos widmet sich einem speziellen Thema und ist in sich abgerundet.

CD-Paket 1 (2 CDs) bzw. Video 1

Schuld und Unschuld in Beziehungen (Vortrag)

Geschichten, die zu denken geben

141 Minuten

ISBN 3-931574-48-2 (CD)

ISBN 3-931574-54-7 (Video)

CD-Paket 2 (2 CDs) bzw. Video 2

Die Grenzen des Gewissens (Vortrag)

Geschichten, die wenden

135 Minuten

ISBN 3-931574-49-0 (CD)

ISBN 3-931574-55-5 (Video)

CD-Paket 3 (3 CDs) bzw. Video 3

Ordnungen der Liebe (Vortrag)

Teil 1: Zwischen Eltern und Kindern und innerhalb der Sippe.

Teil 2: Zwischen Mann und Frau und in bezug
zum tragenden Ganzen.

Geschichten vom Glück

206 Minuten

ISBN 3-931574-50-4 (CD)

ISBN 3-931574-56-3 (Video)

CD-Paket 4 (2 CDs) bzw. Video 4

Leib und Seele, Leben und Tod (Vortrag)

Psychotherapie und Religion (Vortrag)

120 Minuten

ISBN 3-89670-066-9 (CD)

ISBN 3-89670-097-7 (Video)

Bert Hellinger
Die Toten
Was Opfer und Täter versöhnt

Bert Hellinger
➜ **Die Toten**
Was Opfer und Täter versöhnt
1 Video, 60 Min.
ISBN 3-89670-163-0

Dieses Video dokumentiert die wohl bewegendste Aufstellung Bert Hellingers mit einem Überlebenden des Holocaust. Sie bringt auf erschütternde Weise ans Licht, daß die Opfer und ihre Mörder ihr Sterben erst vollenden, wenn sie beide einander als Tote begegnen. Im Zustand, der alle Unterschiede aufhebt, erfahren sich beide einem gemeinsamen übermächtigen Schicksal ausgeliefert, das jenseits aller menschlicher Unschuld und Schuld über sie verfügt und sie jetzt im Tod geläutert in Liebe eint und versöhnt.

Das Video wurde während eins dreitägigen Seminars in Bern im Februar 1999 in Digitaltechnik aufgezeichnet.

Carl-Auer-Systeme Verlag • Weberstr. 2 • D-69120 Heidelberg
email: info@carl-auer.de • internet: www.carl-auer.de

Bert Hellinger

Was in Familien krank macht und heilt

Ein Kurs für Betroffene

Bert Hellinger
→ **Was in Familien krank macht und heilt**
Ein Kurs für Betroffene
3 Videos, 9,5 Std.
ISBN 3-89670-160-6

Dieses Video dokumentiert einfühlsam, wie Bert Hellinger mit 18 Männern und Frauen, die an schweren Krankheiten oder Süchten leiden oder die von schweren Schicksalen heimgesucht wurden, deren Familien stellt und mit ihnen Wege der Heilung oder Linderung findet. Dabei erläutert er ausführlich die einzelnen Schritte und beantwortet Fragen der teilnehmenden Therapeuten. Die professionelle Aufnahme mit drei Kameras ermöglicht es erstmals, ganz nah bei den Aufstellungen dabei zu sein.

Carl-Auer-Systeme Verlag • Weberstr. 2 • D-69120 Heidelberg
email: info@carl-auer.de • internet: www.carl-auer.de